新疆农业高质量发展技术对策

Technical Countermeasures for High Quality Development of Agriculture in Xinjiang

高旺盛　杜 伟　主编
潘 俨　乔 刚　陈源泉　副主编

中国农业大学出版社
·北京·

内 容 简 介

本书在新疆农业提质增效专题调研的基础上，梳理了近年来新疆农业发展的总体进展和存在的问题，进一步强化了对农业提质增效战略地位的再认识，厘清了下一步发展“聚焦‘四高目标’，强化‘四位协同’，着力‘四个突破’”的总体思路，由此提出了推进新疆一产上水平和农业提质增效的目标思路、技术途径、重大保障措施与试点政策改革建议。

本书可供各级行政和农业部门、科技部门、发展规划部门、科技政策和科研机构的有关人士阅读参考。

图书在版编目(CIP)数据

新疆农业高质量发展技术对策/高旺盛，杜伟主编.—北京：中国农业大学出版社，2018.10

ISBN 978-7-5655-2116-4

Ⅰ.①新… Ⅱ.①高… ②杜… Ⅲ.①现代农业-农业发展-研究-新疆 Ⅳ.①F327.45

中国版本图书馆 CIP 数据核字(2018)第 233881 号

书　名　新疆农业高质量发展技术对策

作　者　高旺盛　杜　伟　主编

策划编辑	孙　勇	责任编辑	田树君
封面设计	郑　川		
出版发行	中国农业大学出版社		
社　　址	北京市海淀区圆明园西路 2 号	邮政编码	100193
电　　话	发行部 010-62818525，8625	读者服务部	010-62732336
	编辑部 010-62732617，2618	出　版　部	010-62733440
网　　址	http://www.caupress.cn	E-mail	cbsszs@cau.edu.cn
经　　销	新华书店		
印　　刷	涿州市星河印刷有限公司		
版　　次	2018 年 10 月第 1 版　　2018 年 10 月第 1 次印刷		
规　　格	787×1 092　16 开本　12.75 印张　175 千字　彩插 1		
定　　价	58.00 元		

图书如有质量问题本社发行部负责调换

编委会

狄　江（新疆畜牧科学院畜牧研究所细毛羊室主任、研究员）
吴　斌（新疆农业科学院农产品贮藏加工研究所研究员）
白　涛（新疆农业大学计算机与信息工程学院计科系主任、副教授）
龚　鹏（新疆农业科学院园艺作物研究所研究员）
史彦江（新疆林业科学院经济林研究所所长、研究员）
王继勋（新疆农业科学院园艺作物研究所副所长、研究员）
张　强（新疆林业科学院经济林研究所核桃研究室主任、研究员）
何　红（新疆农业科学院棉花工程技术研究中心副研究员）
娄善伟（新疆农业科学院棉花工程技术研究中心副研究员）
马兴旺（新疆农业科学院土壤肥料与农业节水研究所副所长、研究员）
姚　举（新疆农业科学院植物保护研究所研究员）
李　胜（新疆农业科学院农业机械化研究所副研究员）
张智萍（中国科学院大学博士研究生）
马月虹（新疆农业科学院农业机械化研究所研究员）
刘　娜（新疆农业科学院农业机械化研究所副研究员）
李永可（新疆农业大学计算机与信息工程学院讲师）
魏佳宁（中国农业大学农学院博士研究生）

前　言

在贯彻落实党的十九大精神的开局之年，新疆维吾尔自治区经济工作会议提出，紧紧围绕推动高质量发展，坚持一产上水平、推动农业提质增效，并在2018年政府工作报告中确定为今后五年的工作重点任务之一。新疆作为全国重要的农业资源大省和农业生产大省，充分把握实施乡村振兴战略为新疆农业产业化大发展所提供的历史性机遇，全力推进农业提质增效和一产上水平，对发挥新疆的农业资源优势，实现新疆社会稳定和长治久安的总目标具有重要意义。

近年来，在农业供给侧结构性改革不断深入的背景下，新疆农业在调整和改革中取得了新的进步，但仍存在大而不强、“三高两低”（高产量、高投入、高消耗，低质量、低效益）、产业布局和发展不平衡、发展不充分等诸多问题。要破解这些难题，推进新疆农业由增产导向转向提质导向，需要准确定位新疆农业产业上水平、提质增效的主要矛盾和问题，以此为导向在新时代以新的理念举措，坚持质量兴农、绿色兴农，抓重点、补短板、强弱项，深入推进农业供给侧结构性改革，促进新疆农业高质量、高效率、更可持续的发展。

为此，在自治区党委常委、自治区人民政府副主席艾尔肯·吐尼亚孜的亲自安排和指导下，经自治区人民政府办公厅组织、科技厅牵头，邀请来自疆内外的20多名专家，组成“自治区一产上水平和农业提质增效”专题调研组，于2018年3月20日至5月20日期间，赴喀什、塔城地区重点调研了农作物、林果业、畜牧业、乡村振兴、节水农业、企业加工等共8个方面的137个调研点，召开专题座谈会11场，参考了昌吉州、阿克苏等地区调研材料以及农口有关厅局专题报告材料，查阅了其他省区约40个农业政策文件，形成了《新疆农业提质增效专题调研技术对策与政策建议》的总报告，以及稳粮、优棉、强果、促畜、兴特色、数字农业等9个专题报告和喀什、塔城2个地区的调研报告，并在此基础上进一步形成了新疆现代农业整体发展概述，几经讨论修改，凝聚了诸多专家智慧成果，最终汇成此书。

本书以农业供给侧结构性改革为主线，从全局战略的角度梳理了近年来新疆农业发展总体进展和存在的问题，归纳总结了新时代新疆农业发展的变革新特征，阐明了一产提质增效转型升级战略地位的重要性和紧迫性。以新发展理念、宽广的视野、开放的思维、因地制宜的系统分析，提出了一产上水平的总体思路，提出了推进一产上水平和农业提质增效的目标思路、技术途径、重大保障措施与试点政策改革建议。书中资料新颖、内容丰富、观点明确，可供各级行政和农业部门、科技部门、发展规划部门、科技政策和科研机构参阅。

本书近13万字，是34位专家共同努力的结果。在调研过程中，得到了自治区政府办公厅、相关管理部门、科研机构等相关领导和专家的帮助和指导，在此对所有为本书辛勤付出的同仁们致以诚挚的谢意。

由于时间和编写人员水平有限，本书难免有疏漏之处，敬请批评指正。

“自治区一产上水平和农业提质增效”专题调研组

2018年6月

目 录

第一章　新疆农业发展总体态势分析

一、新疆农业发展基础条件

(一)自然环境概况

1. 光热资源

新疆光热资源丰富，太阳总辐射量大、日照时间长、昼夜温差大、无霜期短，有利于棉花、瓜果等作物的种植。太阳年总辐射量达 5 000～6 400 MJ/m^2，比同纬度的华北和东北地区多 620～840 MJ/m^2，比长江中下游多 1 250～2 090 MJ/m^2，居全国前列；全年平均日照时数达 2 500～3 550 h，比长江中下游地区年总日照数多 500～1 000 h，是中国日照时数最多的地区之一；年平均气温，南疆 10℃左右、北疆由北到南温度变化在 2～8℃，≥0℃有效积温高，平均约 4 300℃以上，≥10℃的积温一般在 4 000℃左右，可以满足作物生长发育需要；北部无霜期在 100～150 d、南疆平均约 200 d。

2. 水资源

新疆地处欧亚大陆腹地，远离水汽源地，降水稀少且时空分布不均，气候干燥且蒸发强烈，属典型的干旱、半干旱地区，水资源严重短缺，水资源供需矛盾十分突出，分布不均衡。年平均水资源总量在

917.74 亿 m^3，其中地表水 867.32 亿 m^3，地下水为 565.71 亿 m^3，人均水资源量为 4 231.29 m^3/人。随着社会经济的发展，近年来，新疆的水资源利用程度不断加强。

3. 土地资源

新疆土地资源丰富，耕地资源差异大。土地面积为 16 648.97 万 hm^2，占全国陆地面积的 1/6，耕地面积 406.3 万 hm^2，占全国耕地面积的 3.12%；草场面积较大，但优良草场比重小，分布不均衡；草地资源丰富，是我国著名的五大牧区之一，牧草地总面积达 5 160.2 万 hm^2，占土地总面积的 30.90%，可利用草地面积仅次于内蒙古、西藏，居全国第 3 位；森林资源少，林地面积小，森林覆盖率低为 1.68%，是全国森林资源较贫乏的省区之一。

(二)社会经济发展概况

改革开放以来，新疆社会经济总体上呈持续增长的趋势(图 1.1)，国内生产总值从 1978 年的 39.07 亿元，增长到 2014 年的 9 273.46 亿元，年平均增长率为 16.6%。人均 GDP 从 1978 年的 313 元，增加到 2014 年的 40 648 元，年平均增长率为 14.7%。从增长速度来看，二、三产业的增长速度好于第一产业，1978—2014 年，第一产业的平均年增长率为 14.6%，第二产业为 16.6%，第三产业为 19.6%。从所占比例来看，第一产业比例由 1978 年的 35.8%下降到 2014 年的 16.6%；第二产业 1978 年为 47.0%，2014 年为 42.6%，比例变化不大；第三产业由 1978 年的 17.3%增长到 2014 年的 40.8%。因此，从产业结构来看，新疆社会经济发展主要是第三产业的发展和第一产业比重的下降，第二产业虽然从总量上呈现较快的发展趋势，但是从比例来看，其发展仍有待于进一步提高。

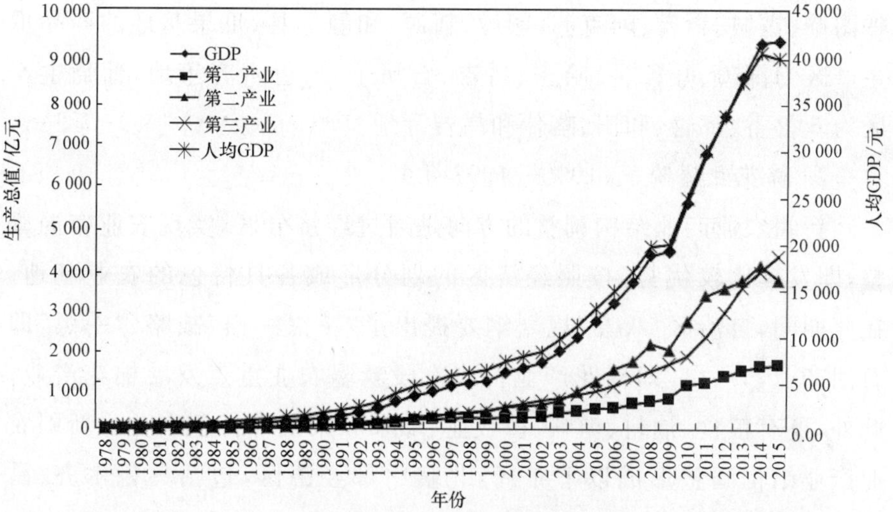

图 1.1　全疆生产总值变化

资料来源:《新疆统计年鉴 2016》

二、新疆农业发展阶段与总体概况

(一)新疆农业发展阶段

根据刘英杰等[1]的研究归纳,改革开放以来,新疆农业结构几经调整,布局不断优化,重点产业在不断调整中逐步成型,农业发展呈现明显的阶段性特征,大致可分为 4 个阶段。

1. 粮食主体阶段(1978—1989 年)

新疆农业重点产业以粮为主,兼顾向畜、果、棉转变。该阶段新疆农业发展战略“以农业为基础,以粮食生产为中心,争取全面发展”。1983 年之前,农业发展的重点是粮食生产。1985 年,自治区编制了《新疆种植业区域规划》,提出了 4 种基地安排,即粮食基地、棉花基地、糖料基地、瓜果基地。粮食基地主要包括伊犁、塔城、昌吉、阿克苏等地的重点产粮县;棉花基地包括以喀什为中心的南疆棉区,吐鲁番、鄯善东疆棉区,玛纳斯河流域北疆棉区;糖料基地主要集中于石河子、呼图壁、霍城、焉耆、阿克苏、额敏、新源、和静等县;瓜果基地的商品瓜主产区为鄯善、吐鲁番、哈密、昌吉、石河子、乌鲁木齐等地,葡萄主产区为吐鲁番、鄯善、和田、喀什和昌吉等地。

2. 棉花主体阶段(1990—1998 年)

新疆农业产业结构调整的方向是通过经济分区,实现农业布局调整,即发挥比较优势,按照经济区的划分形成各具特色的农业基地。在此期间,自治区“八五”规划纲要提出了“一黑一白”战略,“一黑”即石油产业,“一白”即棉花产业。该阶段新疆农业重点发展棉花产业,此外,还有粮食、油料、糖料、畜牧业、瓜果和桑蚕等特色农业。新疆农业产业结构调整形成以下布局:北疆中部经济区,包括乌鲁木齐、昌吉、石河子、沙湾,成为全区经济依托区;北疆北部经济区,包括克拉玛依、伊犁(除沙湾县)和博尔塔拉,建立农业综合开发区和农牧业(粮、棉、油、糖、畜)基地;南疆东北部经济区,包括阿克苏和巴音郭楞北部,发展棉花、糖料、瓜果等经济作物;南疆西南部经济区,包括喀什、克孜勒苏、和田,建设棉花、瓜果和桑蚕生产基地;东疆经济区,包括吐鲁番、哈密,建设长绒棉、葡萄、瓜果生产基地。在“九五”规划纲要中做了调整,天山北坡经济区划产生,主要包括乌鲁木齐、昌吉、奎屯、克拉玛依,该地区重点发展乡镇企业,发展农区和城郊畜牧业。原来的北疆北部经济区变成了北疆西北经济区,包括博尔塔拉、伊犁、塔城、阿勒泰,依然以建立农业综合开发区和农牧业基地为重点。

3. 基地建设和产业发展阶段(1999—2008 年)

该阶段制定了“突出重点,择优扶强,优先发展最有优势地区和最具特色的产品产业”的新战略,同时,提出了发展现代化农业四大基地建设的总体要求,即粮食基地、棉花基地、林果基地、畜牧业基地。在四大基地建设的基础上,逐步形成六大产业,设施农业和区域特色农业产业发展势头良好。新疆农业区域结构调整基本形成如下格局:一是天山北坡经济带,该区东起乌鲁木齐,西至乌苏,在全区经济中居于核心位置。该区域的番茄酱、啤酒、葡萄酒、胡萝卜汁等农产品已实现优质化、规模化和精深加工，特色明显。二是粮食主产区，分布在全区的44个粮食主产县。按照食用粮、专用粮、饲用粮、特色粮的专业化格局发展，食用粮以南疆为主，专用粮以北疆为主，特色粮发展以豆类、大麦为主。三是棉花生产基地，棉花生产继续保持全国领先地位，发展优质高产棉区、压缩中低产粮区、坚决退出非宜棉区，棉花向阿克苏、喀什两地集中，重点开发建设南疆优质陆地棉区、长绒棉区，稳步发展北疆优质陆地棉区。四是畜牧业基地，主要包括羊、牛等生产基地。新疆细毛羊基地集中在伊犁、塔城、博乐等地，肉羊基地分布在阿勒泰、和静，羔皮羊基地以阿克苏为主。乳肉兼用的新疆褐牛集中在伊犁、塔城、阿勒泰、博乐、和静，奶牛基地主要集中在大城市、工矿区和旅游区。五是林果业基地，主要集中在南疆林果主产区和吐哈盆地、伊犁河谷、天山北坡，已成为全国重要的林果产品生产基地和林果业大区，形成了南疆环塔里木盆地以红枣、核桃、巴旦木、杏、香梨、苹果为主栽树种的特色林果主产区，东疆吐哈盆地以鲜食葡萄、红枣为主的优质特色林果基地，北疆伊犁河谷和天山北坡以鲜食和酿酒葡萄、枸杞、小浆果、时令水果为主的特色鲜明的林果基地。六是逐步形成一批特色农产品生产带，主要包括昌吉、呼图壁、玛纳斯、沙湾、乌苏等天山北坡的番茄及其制品生产加工产业带，塔城、昌吉红花生产加工带，博尔塔拉、阿勒泰枸杞生产带，昌吉、巴音郭楞、塔城的啤酒花生产及加工基地，巴音郭楞、和田、阿克苏、昌吉的干草、麻黄、罗布麻药材生产基地等。

4. 市场开拓与品牌建设阶段（2009年以后）

新疆粮、棉、果、畜四大基地建设为基本框架的优势农产品产业带基本形成，设施农业、区域特色农业产业发展方兴未艾，区域化布局、专业化分工、产业化经营的六大产业体系建设趋势正在显现。林果面积超过113.33万hm^2，设施农业面积达到7.26万hm^2，特色农作物播种面积80万hm^2。新疆棉花产量占全国总产量的40%左右，加工番茄、啤酒花、红花、枸杞、甜菜、油葵、亚麻和酿酒葡萄等农产品产量分别占全国的90%、70%、60%、50%、30%、20%、20%和16%以上，牛肉、羊肉、牛奶产量分别位居全国第5位、第2位和第6位，水产品产量连续多年稳居西北地区首位。自治区党委、政府提出，在稳步提升基地建设能力的同时，加快提升市场开拓能力、加工转化能力和科技支撑能力建设，加速现代农业发展步伐。自治区党委、政府要求，各地各部门要加快开拓建立农产品国内外市场，加强农产品外销平台建设，加快实施农业品牌化战略，逐步把新疆建设成为西北地区农产品向西出口的中转集散地、加工基地和区域性国际农产品贸易中心。

(二)新疆农业发展总体概况

根据邵骏等[2]的总结，新疆农业的总体概况如下。

1. 畜牧业发展稳步上升

畜牧业作为新疆的主要农业生产部门，主要采用多种饲养方式并存的方式发展，新疆畜牧业的最古老形式是草原游牧，并且形成了独特的草原文化，对新疆的畜牧业发展作出了重要贡献。随着经济的发展和科学技术水平的提高，新疆的畜牧业趋向于大型化的现代化养殖，这种生产方式促进了新疆畜牧业向现代化方向发展，不断提高畜牧业的产值。

2. 种植业独具特色

由于新疆是中西文化交汇处，又有着特殊的地理环境，其自身的农业发展在历史上具有十分重要的作用，比如新疆的许多优良农作物品种推广到中原地区，对中原地区的农业发展起到了巨大的推动作用。目前，新疆的种植业种类繁多，主要包括棉花种植、粮食种植、蔬菜种植、瓜果种植以及油料种植，其多种多样的种植种类凸显了新疆种植文化的特色。另外，为了克服新疆地区干旱而形成的坎儿井灌溉系统为新疆农业发展节省了大量的水资源，形成了独具特色的种植业。

3. 林果业飞速发展

新疆由于自身独特的自然资源与环境，为瓜果种植提供了优势条件，形成了品质优良的多样化林果业，如红枣、巴旦木、香梨、葡萄等。随着近几年新疆农业产业结构的调整，为林果业的发展带来了机遇，使林果的种植面积不断增加，形成了很多大规模的林果栽培基地，并且产生了许多对林果产品进行加工和销售的企业，但是大多为初加工和近地销售。

4. 独特的休闲农业

由于新疆地区少数民族繁多，具有各自独特的文化形式和生活习性，加之地理环境的独特性，造就了少数民族独特的多元化生活方式。同时，受干旱、风沙等自然灾害的困扰，加之政策引导，让新疆人民养成了良好的种树习惯，而这些多种林木的产业优势不仅可以为人们提供不同的水果和干果，还可以为人们提供优美的景观。

(三)新疆农业发展水平

在发展水平上，根据艾洪娟等[3]采用熵值法对新疆1995—2014年现代农业发展阶段进行测评的结果显示，1995—2007年为现代农业的起点阶段，2008年开始步入了初步发展阶段。潘冬[4]基于主成分分析法分析新疆农业增长因素，结果表明，新疆农业经济增长因素影响最大的是劳动力因素，其次是投资、农业机械拥有量、有效灌溉面积和化肥使用量。根据邵骏等[2]总结，改革开放近40年来，大量先进的农业科学技术成果被应用于新疆农业生产，全区粮食、棉花以及畜牧业产品等主要农牧产品的综合生产能力得到明显增强，极大地促进了新疆农业的发展和农民收入的增长。近年来，疆内各地主要加大了覆盖面积大、增产增收能力强的新型农业生产技术的推广与运用，充分发挥了技术进步在农业增收中的积极作用。总体上，技术进步对新疆农业产出的贡献率自1995年以来总体呈先增后减趋势，从1995—1999年的41.24%上升至2000—2004年的67.92%，接着经历了一段下滑时期，技术贡献率降至2010—2014年的24.06%。这说明新疆农业发展还是处于一种高投入、高消耗的粗放型发展模式，自主的农业科技创新能力较弱，农业结构尚待进一步优化。

三、新疆农业发展 SWOT 分析

(一)有利因素

1. 地缘优势

根据刘英杰等[1]的总结归纳,新疆农业发展的地缘优势主要体现在:第一,新疆具有得天独厚的水、土、光、热自然条件及丰富的农业种质资源,农业生产与开发的潜力巨大。许多农产品(如棉花、甜菜、啤酒花、番茄、香梨、葡萄、枣、石榴、枸杞、核桃等)质量优异,这些农业产品畅销国内外,享有盛誉,其中很多特色鲜、干水果备受其他省份以及其他国家居民喜爱。第二,新疆拥有充裕的劳动力资源,农业生产与农产品加工的人才队伍素质不断提高,具有生产反季节蔬菜的大量农业劳动力资源和成熟的农业技术资源,设施农业已形成一定的出口规模和出口能力。第三,农业产业化、市场化进程加快。近年来,新疆各地按照比较优势原则,调整农业产业结构,大力发展特色林果和设施农业,加快面向中亚及周边国家农产品出口基地建设,加大对农产品加工保鲜设施的扶持力度,通过提高农产品质量、强化国际营销、提高境外市场开拓能力等举措,营造良好的农产品出口氛围,出口蔬菜、瓜果等农产品不断增加。第四,我国内地热带亚热带水果(如香蕉、柑橘等),以及主要的粮食作物(大米等),经过新疆出口,在中亚国家也具有非常大的市场空间。此外,新疆是我国面积最大的省区,尚有大量的后备土地资源未开发利用,也为农业发展和开展规模化生产提供了广阔的空间。加上新疆沙漠分割的绿洲格局,很多地方远离城市,具有发展绿色和无公害农产品先天的外部环境和生态条件,发展对外出口绿色食品、有机食品的前景十分广阔。

2. 特色农业明显

根据冯海瑞[5]的研究总结,由于特殊地理位置与气候环境所决定的特殊物种资源使得新疆特色农业明显，拥有一大批在国内外有竞争力的特色农产品。

(1)棉花产业 新疆植棉自然条件优越。目前，植棉业已成为新疆农村的第一大产业和最大的农业支柱产业。新疆棉花产量连续多年位居全国第1位。新疆棉花产业主要有沿天山北坡棉花产业带和环塔里木盆地产业带。这两个地带有疆内良好的交通条件，便于棉花的交易外运。

(2)番茄产业 目前，新疆已成为我国重要的番茄制品生产基地，生产量占全国的90%以上，新疆出口量占到国际贸易量的30%左右。番茄主要分布在北疆沿天山各县市和新疆焉耆盆地为主的番茄生产、加工和出口产业带。新疆番茄制品种类丰富，技术含量也较高，番茄粉、番茄红素、番茄膳食纤维等为代表的番茄系列高科技产品相继被开发出来，改变了新疆番茄只能作为初级原料的局面，实现了番茄酱传统加工向高科技领域的转变。

(3)甜菜产业 新疆具有种植甜菜的优势，生产出的甜菜品质优良，含糖量高，新疆已经发展成为中国最大的甜菜糖料加工基地和西北地区食糖生产基地。近年来，中粮屯河等公司充分利用新疆甜菜品质优良、含糖量高等优势，发展甜菜糖制糖工业，推动了新疆制糖业的发展，取得了不错的成绩。

(4)林果业 葡萄产业增长速度较快。鲜食葡萄的两大优势产区位于新疆的西部，制干葡萄的两大集中产区就在新疆东部著名的吐哈盆地，酿酒葡萄主要位居新疆的中部。随着葡萄产业向深度方向开发，酿酒成为一个重要的发展方向，已成为我国葡萄酒原酒的主要生产基地。库尔勒香梨是新疆传统的优质特色果品。香梨产业主要分布在南疆库尔勒、阿克苏、尉犁等地。近年来，以库尔勒香梨股份有限公司为代表的企业，发展势头良好，围绕做大做强香梨产业，形成了栽培、采收、加工、保鲜、营销各类公司集聚，在规模化、产业化方面得到迅速发展。

(5)啤酒花产业 新疆是我国啤酒花生产基地，全疆种植面积

46 km²,年产花 2 万 t,产量占全国的 70%。新疆天山、阿尔泰山的山坡林间有大量野生啤酒花分布,主要分布于阿勒泰、塔城、昌吉、伊犁、克州、焉耆等地。新疆啤酒大麦产量高、品质优、稳定性好,具有发展无污染绿色食品原料的巨大优势。全区啤酒大麦种植面积 320 km^2,产量 14 万 t。新疆大麦主要分布于昌吉、塔城、博州等。

3. 口岸优势

根据马惠兰等[6]的总结,随着新疆经济环境的日益开放,不仅口岸硬件设施建设不断完善,硬环境不断提高使其口岸优势能够得以保证,而且口岸通关手续简化,服务水平不断提高,便捷通关措施逐步完善等软环境也在不断改善和优化。目前各口岸为农产品出口开辟了"绿色通道",规范了农产品通关便利措施的实施标准和工作程序,制定了支持农产品出口的八项措施等,快捷通畅的通关环境逐步形成。多年来,中国在加快与周边国家农业合作和农产品贸易方面,做了大量努力,一系列的措施和协定包括农产品出口的标准化要求、关税优惠、通关便利等均已达成协议,对中国农产品出口上海合作组织其他成员国通关便利起到了积极的促进作用。

(二)不利因素

1. 生态环境脆弱

近年来,新疆每年有 900 多万亩(1 亩≈666.7 m^2,下同)农田遭受风沙危害,沙尘、大风、干旱、洪害、雪灾、寒流霜冻、病虫害等自然灾害频发,给农业发展造成极大的损失,严重制约农业农村经济的发展。例如,根据艾洪娟[3]的调研数据显示,巴州地区 2014 年全州低温天气多,大风、冰雹等自然灾害频发,棉花受灾严重,种植成本增加,棉花平均亩产(皮棉)136.7 kg,较上年减少 1.2 kg,导致农民来自棉花的人均纯收入比上年减收 325 元。博州 2014 年 4 月 21—25 日,出现大风寒潮天气,全州最低气温下降到 −4℃,普遍阵风 8～9 级,博乐市、阿拉山口市、精河县及风口沿线一带最大风力达到 9～11 级,造成农作物受灾面积 45 965.2 hm^2。塔城地区由于春季以来持续降水偏少，且6月中旬后持续高温影响，小麦的单产略有下降；4—5 月，受低温、大风等灾害性气候因素影响，棉花生育期较正常年份推迟 7～15 d；受7—8 月持续高温干旱天气影响，塔城盆地玉米红蜘蛛严重发生，对玉米单产提高造成一定影响，塔城盆地四县(市)玉米因旱受灾面积 69.2 万亩。

2. 土地资源退化

根据江凌等[7]的研究总结，新疆地处西北干旱区，由于水土资源分布的极度不均，占很大比例的荒漠和戈壁不能支持人类的生产与生活，使得 95％的人口都集中在仅占全疆土地面积 4.25％的绿洲上。在这仅有的 4.25％的土地上，要承担近 2 000 万人生产、生活、建筑、交通用地等，并面临着绿洲人口的自然增加所带来的巨大压力，如何合理利用有限的土壤资源，不仅关系到当代人生活安全的问题，也是关系到子孙后代的生存和实现绿洲区域可持续发展的重大问题。新疆土地虽然是全国土地面积最大的省区，但可有效利用的土壤资源面积很小，全区耕地面积仅占土地总面积 2.47％；作为可有效利用的土壤资源三者总和仅占土地总面积的 36.55％，而不可利用和难以利用的面积包括沙漠、戈壁、高山寒漠、盐碱滩等，占到全疆土地总面积的61.36％。新疆是全球范围内严重荒漠化的地区，全区 87 个县市中，只有 7 个县市没有出现荒漠化的土地，大约 1 200 万人和 2/3 的土地受到荒漠化的威胁。现有耕地中，31.1％面积受到盐碱危害，其中强盐渍化的盐碱土耕地面积 18％，中强度盐渍化的占 33％，轻度盐渍化的占 49％。新疆土壤风蚀和水蚀也很严重。据 1990 年国家遥感普查资料，新疆水土流失面积占全国水土流失面积的 25.8％。新疆水土流失面积中水蚀面积占 12％，风蚀面积占 88％。此外，土壤污染和肥力下降也不容忽视，土壤过度垦殖使得土壤因有机质匮乏而导致养分状况失衡，地膜使用量逐年增加，残膜不易回收，导致了土壤的物理性质变坏，降低土壤的生产能力。

3. 水资源相对匮乏

根据邓铭江[8]的研究总结，新疆水资源对于农业发展来说仍是相对薄弱的资源，主要表现在：①水资源区域分布与社会经济发展布局不匹配，供需矛盾突出。乌鲁木齐—奎屯—克拉玛依天山北坡经济带GDP占全疆的56%，而水资源仅占全疆的7.4%。②河道天然径流年内分配极不均匀，春旱和夏洪是首先应解决的基本问题。由于绝大部分河流缺乏山区控制性调蓄工程，现有平原水库调蓄能力低，蒸发渗漏严重，春旱得不到根本的缓解，夏洪得不到有效的防患，大多数农田得不到适时适量的灌溉。③跨界河流“出多入少”，水资源亟待加速开发利用。新疆与周边8个国家相邻，有33条跨界河流。入境水量 $9.03\times10^{9}\ m^{3}$，而出境水量高达 $2.292\times10^{10}\ m^{3}$，伊犁河和额尔齐斯河在我国境内水资源利用率尚不足25%。④水资源系统“二元结构”严重失调，造成水资源和土地资源双重浪费。灌溉农业的迅猛发展，把大量的水截留在位于上游的人工绿洲内，一方面造成“河湖结构”的天然水系急剧萎缩；另一方面又造成“渠库结构”的人工水系不断膨胀。绿洲内水资源利用效率低，耕地次生盐渍化严重，农田投入产出效益普遍较低。这种无序的水资源利用方式直接导致了上游盐渍化与下游荒漠化的恶性循环，并造成水资源和土地资源双重浪费。

4. 农产品市场条件制约

根据刘英杰等[1]的研究总结，新疆现有农产品的市场条件，尤其是出口贸易方面依然存在一些问题。一是农产品出口总量少。农产品出口额占新疆对外贸易总出口额的比重很低，只占到5%。出口到与新疆贸易最为相关的中亚的农产品仅占到出口中亚贸易总额的20%。二是出口农产品结构不合理。果品所占比例比较高，占新疆对中亚农产品出口总额的45%以上，而且主要集中在苹果出口上，占果品出口的80%以上。蔬菜、畜产品等出口虽然增长速度很快，但出口总量仍然很少，所占比例很低，仅占到出口中亚农产品总额的15%左右。三是出口市场过于集中。对中亚国家的农产品出口主要集中在哈萨克斯坦、吉尔吉斯斯坦两国，对这两个国家的农产品出口占到对中亚出口农产品总额的90%以上。四是贸易方式单一。以边境小额贸易方式为主，出口的农产品绝大部分为初级产品，种类少、产品档次低，附加值低，技术含量低，精深加工和高技术含量农产品出口所占比例也很低。五是出口企业规模小。新疆农产品出口企业多以中小企业为主，大多处于分散经营的状态，各自为战，没有形成合力，没有实现规模经济效益。同时，还存在企业竞争能力不强、技术创新能力薄弱、品牌意识缺乏等问题，也有一些不规范的通关行为或手段，影响到农产品贸易的正常运行。除此之外，新疆出口的物流运输成本居高不下、市场开拓较于局限、行业复合型人才缺乏等都制约了新疆农产品的贸易输出。

(三)面临机遇

1."一带一路"

习近平总书记2013年秋天提出了"一带一路"倡议，2015年国家发展和改革委员会发布的《推动共建丝绸之路经济带和21世纪海上丝绸之路的愿景与行动》指出：要发挥新疆独特的区位优势和向西开放重要窗口作用，深化与中亚、南亚、西亚等国家交流合作，形成丝绸之路经济带上重要的交通枢纽、商贸物流和文化科教中心，打造丝绸之路经济带核心区。这是新疆农业未来高质量发展的重要战略机遇。根据许雯[9]的总结，新的出口通道和出口市场将降低农产品的运输成本，提高农产品竞争力和拓宽农产品出口市场，新的对外关系也将拓展新疆农产品的品牌，给更多企业走出国门的机会。随着地域政策的进一步落实，打造"区域性交通枢纽中心"的确立和丝绸之路核心区的设立，铁路、港口和临空港，这些现代化的交通工具在一带一路政策指导下，进一步完善了当地农产品出口企业进入欧亚、中亚甚至美洲的通道，给新疆农产品贸易创造了更多的渠道。不仅物流速度加快，且因每吨农产品还能少支出运输费用近百元从而提升了近一成的销售总量。近年来新疆和沿途国家的经贸联系愈加密切，近十年来外贸增长将近20%，远高于新疆同世界其他区域国家整个外贸增长速度。新的产业形势在“一带一路”倡议构想的蓝图上，新疆具备了天时、地利、人和的独特优势，使新疆迎来了从“后排”变“前沿”的根本转变。首先，新疆本地企业在新的出口通道的帮助下，可以获得更佳的市场竞争力；其次，极佳的交通区域优势和邻近省市的出口要求，使得新疆可以发挥出口中转站的作用。日益密切的人员和物资往来，为新疆的发展增加了活力，新疆也可考虑改变以往的通道型经济为区域经济，将技术和高素质人才留在新疆，为新疆的产业升级提供支持。除此之外，上海合作组织的成立，为加快中国尤其是新疆与中亚各国农业合作创造了良好的环境。2001年6月15日，中国、俄罗斯、哈萨克斯坦、吉尔吉斯斯坦、塔吉克斯坦和乌兹别克斯坦六国元首会聚上海，宣布上海合作组织正式成立，并签署了《上海合作组织成立宣言》。其目的是鼓励各成员国在政治、经贸、科技、文化、教育、交通、环保及其他领域的有效合作。2018年6月9—10日在青岛召开的上合组织扩员后的首次峰会，习近平总书记强调，要促进发展战略对接，推进“一带一路”建设，加快地区贸易便利化进程。这对于新疆农业贸易的发展是又一大利好。

2. 脱贫攻坚

新疆是国家扶贫开发工作重点区域之一。根据王英平[10]总结，新疆贫困地区少数民族相对集中，2015年，35个重点贫困县中少数民族占总人口的91.7%，其中和田地区少数民族人口占总人口的96.9%。贫困地区呈现出的民族特征使得新疆贫困人口与外界的交流融通首先在语言上产生了很大的障碍，加上其受教育程度低，缺乏技能，获取就业岗位的机会有限，向区域外流转的难度较大。而农业生产是其长期从事的行业，农业相关产业发展又是实现贫困人口就近就地就业的主要途径，只要加以正确地引导和扶持，较容易产生好的扶贫效果。近年来，在国家和对口援疆省区的大力支持下，新疆贫困地区在经济发展、民生改善、消除贫困方面取得了显著成效。新形势下，国家提出了扶贫开发“五个一批”工程，特别对产业扶贫给予了高度重视。"十三五"时期，新疆扶贫攻坚仍面临艰巨的任务，特别是新疆特有的区情条件，贫困人口外出就业难，农业及其相关产业仍旧是吸纳贫困人口的主要领域，是实现贫困人口脱贫的主要渠道。2015年，35个重点县一产占比26.8%，新疆贫困地区农业发展在国民经济中仍占有较大比重，农业作为基础性产业，其地位仍十分重要。加上农业发展不仅涉及农业本身，还涉及农业多功能性开发、农产品加工、销售、产业链条延伸等多个方面，农业扶贫开发着力点广，扶贫的方式多样，更能够体现系统性和针对性，是新疆加快贫困地区脱贫的重要领域。因此，大力发展新疆农业，加大农业相关领域对贫困人口的扶持和引导，对于保障新疆贫困人口全面脱贫具有重要的意义和作用。

3. 乡村振兴战略

党的十九大报告指出，中国特色社会主义建设进入了新时代，我国社会主要矛盾发生了深刻变化。习近平总书记指出，中国要强农业必须强，中国要美农村必须美，中国要富农民必须富。农业农村农民问题是关系国计民生的根本性问题，必须始终把解决好"三农"问题作为全党工作重中之重。党的十九大报告提出"实施乡村振兴战略"，并把这个战略庄严地写入党章，这一战略部署为我国新时代农业农村改革发展指明了前进的方向、明确了发展重点。乡村振兴战略，是新时代"三农"工作的总抓手。2018年中央一号文件《中共中央国务院关于实施乡村振兴战略的意见》，提出要走中国特色社会主义乡村振兴道路，并搭建起实施乡村振兴战略的"四梁八柱"顶层设计，即有国家战略规划引领，有党内法规保障，有日益健全的法制保障，有领导责任制保障，有一系列重要战略重大行动重大工程支撑，有对农民关心的关键小事的全面部署安排，有全方位的制度性供给，有解决"钱从哪里来"问题的全面谋划。2018年7月，《乡村振兴战略规划（2018—2022年）》印发实施，该规划以一号文件为依据，明确到2020年全面建成小康社会时和2022年召开党的二十大时的目标任务，细化、实化乡村振兴的工作重点和政策举措。具体部署重大工程、重大计划、重大行动，确保文件得到贯彻落实，政策得以执行落地。习近平总书记强调："要坚持乡村全面振兴，抓重点、补短板、强弱项，实现乡村产业振兴、人才振兴、文化振兴、生态振兴、组织振兴，推动农业全面升级、农村全面进步、农民全面发展。”随着乡村振兴战略的推进，未来农业一定会成为有奔头的产业，未来农民一定会成为有吸引力的职业，未来的农村一定成为安居乐业的美丽家园。

(四)面临挑战

1. 气候变化

根据曹占洲等[11]的研究，在全球气候变暖的大背景下，近 50 年来，新疆气候变暖、降水增多的趋势明显；1961—2010 年，新疆年平均气温升温速率为 0.32℃/10 年，高于全球和全国同期变化水平，冬季升温趋势最明显。2001—2010 年是近 50 年中最暖的 10 年。1961—2010 年，新疆年降水量明显增加，增加速率为 6.51%/10 年。夏季增加趋势最明显。1991—2010 年是近 50 年中降水最多的 20 年。气候变暖对新疆农业的影响表现为：使新疆农业热量资源更为丰富，农作物潜在的适宜生长季延长，使棉花的播种期提早，全生育期延长，产量提高；冬小麦的播种期推迟，全生育期缩短。在水分满足要求的地方，两年三熟的种植区域可能北移扩大。冬季温度升高，利于冬小麦、特色林果等安全越冬。但是气候变暖背景下对于新疆农业将产生一些威胁：一是新疆极端天气、气候事件频发，气象灾害造成的农牧业损失加大，农业成本和投资大幅度增加；二是由于气候变化是一个长期且受多因子影响的过程，短时间内无法对其产生预测，而农业生产与气候息息相关，农业的发展适应仅能依靠大数据做粗略估算；三是气候变化是必然的，但现在仍无法做到及时、全范围科普，对于使用固定农业种植策略的土地，其农业发展无法适应气候变化，农业生产一定会受到影响。

2. 外界市场竞争

新疆农业的发展未来可能会遇到来自国内丝绸之路经济带沿线

省份以及带域国家之间的竞争。根据石河子大学孙培蕾的学位论文研究[12]表明：在丝绸之路经济带沿线省份中，黑龙江农业耕地面积最大，其后依次为内蒙古、云南省和甘肃省，新疆仅占到第五位，西藏农业耕地面积最少；黑龙江有效灌溉面积最大，其后依次为新疆、内蒙古、云南、甘肃、陕西等，青海省有效灌溉面积最少。丝绸之路经济带沿线省份的农业发展处于稳步增长态势，2000—2015年，黑龙江农业增加值年均增速最大，说明黑龙江农业发展速度相较于丝绸之路经济带沿线其他省份而言最快，其次依次是陕西、新疆、宁夏、青海、甘肃等，西藏农业增加值年均增速最小。与丝绸之路经济带带域国家比较来看，新疆和丝绸之路经济带带域国家（中亚五国）均是地处远离海洋的内陆区域，地域辽阔、光热资源充足，十分有利于优质粮棉、甜菜等农作物的生长。新疆农业用地总面积5 168.95万hm^2，耕地面积为412.46万hm^2，占农业用地总面积的6.54%，而其中节水灌溉面积为227.36万hm^2，占农业耕地面积的55.12%。丝绸之路经济带带域国家（中亚五国）农业用地总面积为29 306.29万hm^2。新疆与丝绸之路经济带带域国家（中亚五国）的农业发展处于稳步增长态势。从农业增加值来看，新疆的农业增加值从2001年的34.81亿美元上升到2015年的250.32亿美元，按可变价格计算，年均增长率为14.06%，相较于丝绸之路经济带带域国家（中亚五国）而言，其农业增加值年均增速最大，说明新疆的农业发展速度最快；丝绸之路经济带带域国家（中亚五国）的农业增加值则由2001年的69.51亿美元增加到2015年的257.71亿美元，年均增长率为9.13%。总体来说，新疆农业市场竞争力与各省份、其他国家相比，仍存在较大提升空间。

四、新疆农业发展水平总体评价

1. 新疆农业发展规模、人均主要农产品占有量以及农业生产力水平整体高于全国平均水平

全疆平均人均耕地面积3.3亩，是全国平均水平的2.2倍；人均

粮食占有量 631 kg，是全国平均水平的 1.4 倍；棉花产量全国第一，占全国的 68%；人均蔬菜、水果和肉类占有量也高于全国平均水平。全疆人均农林牧渔总产值为 12 384 元，显著高于全国平均水平的 8 170 元。种植业产值比重为 73%，显著高于全国 53% 的水平；畜牧业产值比重为 22%，低于全国 28% 水平。从单位耕地面积的农作物产量以及每位农业劳动力的产出来看，新疆农业的土地产出率和劳动生产率均显著高于全国平均水平。北疆地区的农业发展条件整体显著好于南疆地区（表 1.1）。

表 1.1 新疆与全国农业发展水平对比（2016 年）

指标	全国	新疆	喀什	塔城
人均粮食占有量/kg	446	631	727	3 084
劳均粮食产量/(kg/人)	447	636		
人均小麦占有量/kg	93	302	346	1 296
人均玉米占有量/kg	159	286	360	2 549
劳均棉花产量/(kg/人)	4	151		
人均肉类占有量/kg	62	67	107	214
粮食单产/(kg/hm^2)	5 452	6 298	6 494	10 145
小麦单产/(kg/hm^2)	5 327	5 608	6 049	5 970
玉米单产/(kg/hm^2)	5 971	7 455	7 579	12 855
棉花单产/(kg/hm^2)	1 584	1 991	1 585	2 160
蔬菜单位面积产量/(kg/hm^2)	35 832	60 210	43 496	71 908
人均农林牧渔总产值/元	8 107	12 384	11 336	29 866
农业产值比例/%	53%	73%	70%	66%
林业产值比例/%	4%	2%	3%	1%
牧业产值比重/%	28%	22%	25%	31%
渔业产值比重/%	10%	1%	0%	0%

2. 新疆农业现代化水平整体低于全国平均水平

从农业机械化水平看，全疆主要农作物耕种收综合机械化水平达到 84.2%，较全国平均水平高出近 20%，但是单位耕地面积的农业机械总动力投入却低于全国平均水平；从农业绿色化水平看，全疆单位面积耕地化肥投入量和农膜使用量均高于全国平均水平，分别是全国平均水平的1.1倍和2.7倍，单位面积耕地农药使用量为5 kg/hm^2，仅为全国平均水平的37%的用量；从农业水利化水平看，新疆人均水资源丰富、耕地有效灌溉面积均高于全国平均水平，但是单位耕地面积的水资源占有量和高效节水灌溉面积占有效灌溉面积的比例却低于全国平均水平（表1.2）。

表1.2 新疆农业与全国农业投入水平对比(2016年)

指标	全国	新疆
农机总动力/($\times10^7$ W)	97 246	2 552
单位耕地农机动力/(kW/hm^2)	7.2	4.9
有效灌溉面积/($\times10^3$ hm^2)	67 141	4 982
耕地有效灌溉面积比例/%	50	96
节水灌溉面积占有效灌溉面积比例/%	49	45
单位耕地化肥使用量/(kg/hm^2)	444	480
单位耕地农药使用量/(kg/hm^2)	13	5
单位耕地农用柴油使用量/(kg/hm^2)	163	165
单位耕地农膜使用量/(kg/hm^2)	19	52

3. 新疆农业产业化水平整体低于全国平均水平

2017年，全国土地流转面积占家庭承包耕地总面积在35%左右，全疆耕地流转率为18%，全疆产业化经营组织发展到1.3万个，但调研中发现农民合作社总体上有效运作的比例仅为10%～20%。全疆农产品加工业实现总产值1 960.04亿元，但是农产品加工业产值与一产总产值之比仅为0.62∶1，而全国已达到2.2∶1。总体上，新疆农业市场化已经达到一定水平，新疆农产品在国内国际市场上的知名度不断提升，市场化率约为40%，与我国农业市场化平均水平及发达地区农业市场化程度相比还有很大差距。

4. 新疆农业发展气候资源有优势、产品品质有特色、产业发展有规模

新疆土地、光热资源丰富，是我国重要的农牧业后备资源战略储备基地，也是世界六大果品生产带之一，区内农业生产气候资源优越，

太阳总辐射量大，日照时间长，昼夜温差大，无霜期短，有利于棉花、瓜果等作物的种植，这种独特的资源环境为新疆现代农业的发展提供了资源支撑，具有巨大的发展潜力。

综合来看，新疆农业的特色与优势目前尚没有充分发挥出产业强势，农业发展总体还是比较初级的，基本上还是内地、国外的原材料供应基地，产业链增值并没有太多地留在疆内。需要以科技创新与人力资源为动力，通过体制机制创新，吸引高端创新要素集聚新疆，促进新疆现代农业高质量发展。

执笔人：陈源泉、董孝斌、何文清、高旺盛、魏佳宁

参考文献：

[1]刘英杰，等．新疆农业现代化建设观察与思考[M]．北京：中国农业出版社，2011：128-129.

[2]邵骏，汤晓红，马富裕，等．技术进步对新疆农业产出贡献分析[J]．新疆农垦科技，2017(10)：7-10.

[3]艾洪娟，蒋和平．基于熵值法的新疆现代农业发展阶段评价[J]．江苏农业科学，2017，45(18)：318-321.

[4]潘冬．基于主成分分析法对新疆农业增长的因素探究[J]．当代经济，2017(12)：120-121.

[5]冯海瑞．新疆特色农业产业发展研究[J]．农村科技，2014(11)：66-69.

[6]马惠兰，刘英杰，张姣．中国新疆口岸农产品通关便利化状况、障碍及对策[J]．世界农业，2013(11)：9-15.

[7]江凌，潘晓玲，丁英，等．新疆土壤资源与绿洲可持续发展[J]．新疆农业科技，2005(3)：38-37.

[8]邓铭江．新疆水资源问题研究与思考[J]．第四纪研究，2010，30(1)：107-114.

[9]许雯．一带一路战略背景下新疆农产品出口政策研究[J]．杨

凌:西北农林科技大学,2017.

[10]王英平．新疆农业扶贫现状、问题及对策[J]．新疆农垦经济,2017(9):70-74.

[11]曹占洲,毛炜峄,等．近50年气候变化对新疆农业的影响[J]．农业网络信息,2013(6):123-126.

[12]孙培蕾．"丝绸之路经济带"背景下新疆农业竞争力研究[D]．石河子:石河子大学,2017.

第二章　新疆一产上水平农业提质增效调研总报告

一、关于新疆农业提质增效的总体进展情况

(一)主要成效

党的十八大以来，在以习近平同志为核心的党中央领导下，自治区党委紧紧围绕社会稳定和长治久安总目标，提出“一产上水平、二产抓重点、三产大发展”总体部署，全区上下努力推动一产上水平，促进农业提质增效，现代农业发展逐步加快，农业农村经济呈现稳中向好态势。通过本次调研情况来看，各地在农业提质增效上积极推进工作，采取了一系列有效措施，取得了许多新的成效，主要表现在六个方面。

1. 在产业发展思路上有新的转变

一是把实施乡村振兴战略作为重点，依靠农业供给侧结构性改革和科技创新促进农业提质增效。如喀什地区按照“稳粮、优棉、促畜、强果、兴特色”的要求，把工作重点放到“引导农民调、指导农民种、帮助农民销、带动农民富”上来。塔城地区坚持农业农村优先发展，以“三品(品种、品质、品牌)”为目标，以“抓两头促中间”为措施，以产业

化、集约化、特色化、效益化为重要路径。二是农业发展目标由增产导向开始向提质导向转变，把增加绿色优质农产品供给放在突出位置，走质量兴农、科技兴农和绿色兴农之路。如沙湾县棉花产业在稳定面积的基础上，着力提升棉花质量，提出了“以生产中高档原棉为目标”，以中高档棉产品消费用棉为导向，再造新疆优质棉花品牌。叶城县以着力提升核桃产业的质量和效益为目标，提出了“核桃产业升级十大措施”。沙湾县和和田县以提升林果品质为目标，大力发展种养结合循环经济有机栽培，走产业绿色发展之路。三是农业经营方式由分散式个体经营逐步向适度集约化规模化转变。如沙湾县加快发展多种形式的“共赢制土地股份合作社”，出台一系列政策措施，已经创建合作社 107 家，入社农户 5 602 户，入股土地面积 26.63 万亩。莎车县土地流转总量达到 20 万亩，主要包括企业流转 5 万亩、合作社流转 1 万亩、种植大户流转 9 万亩、农户自愿代管代种 5 万亩。目前，全区各类合作社 2.5 万家，成员 65.5 万户，入社农民人均增收约 400 元。

2. *在产业发展模式上有新的探索*

积极扶持农产品加工企业、合作社、产业园区等多种发展模式，有力地带动了农业产业化发展。截至 2017 年，全区培育自治区级以上农业产业化重点龙头企业 509 家（其中国家级 32 家），国家农业产业化示范基地 5 个、农村创业创新园区 23 个，自治区农业产业化园区 43 个。阿克苏地区建立国家棉花产业联盟试验区，打造棉花与纺织服装企业适度融合全产业链模式。又如沙湾县采取“用棉企业提出用棉标准，专家团队会同种子企业筛选推荐种子品种，合作社按高水平规范标准组织生产，棉花加工企业严格按高标准技术规范加工皮棉，用棉企业按质量标准高于市场价格订购”的新模式。英吉沙县积极推进“企业＋合作社＋农户”现代经营制度，实现小农和现代农业发展有效衔接。畜牧业方面，昌吉州打响了“天山牛、新澳羊、天康猪、泰昆鸡”四大龙头企业品牌战略，畜牧业产值占农业总产值比例达 53%，又如麦盖提县牛羊托养合作社模式，沙湾县、托里县畜牧业草畜联营合作社养殖模式；农产品加工业方面，如英吉沙县依托晨光生物科技集团发展2万亩万寿菊产业、依托优乐果公司带领64个专业合作社转化加工2万t果蔬、叶城县依托美嘉食品集团以技术创新引领核桃产业多级加工升级等。额敏县淏筠农业生态专业合作社通过“公司＋合作社＋基地＋农户”的模式发展种植、养殖、精深加工等多元化产业，实现村集体、合作社、农户三方利益共赢。

3. 在产业技术上有新的进展

在绿色环保技术方面，实施“防污、控水、减肥、减药”行动，全区累计推广高效节水(滴灌)面积3 422万亩、水肥一体化技术3 218万亩。推广测土配方施肥4 112万亩。主要农作物绿色防控技术覆盖率达27％，专业化统防统治覆盖率35％，农药利用率38％。年处理人畜粪便1 257万t，积施农家肥5 217万t。推广秸秆还田2 415万亩。建成67个废旧地膜回收加工利用企业和375个回收网点。在高效优质栽培技术方面，各地主要从品种、机械化、节水灌溉、病虫害防治以及初级加工等多方面提升产业技术水平。如叶城县总结推广“核桃产业升级十大措施”(品种改良、精品果园、机械化修剪、疏密改造、人工授粉、病虫害飞防、核桃种质资源收集、线上线下电商、核桃产后分级加工等)，为核桃产业提质增效和品牌市场打下产业技术基础。如沙湾县“棉花产业升级技术”，重点示范推广优质棉品种、育苗移栽、双色地膜、卫星导航无人机作业以及建立机采棉社企联盟、农机合作社等，该县棉花节水滴灌率达到96％，农业机械化率达到97.5％。额敏县依托江苏常州公司技术因地制宜推广生物降解地膜，取得良好效果。

4. 在产业政策上有新的举措

加大了农产品有机、绿色和地理标志申报管理力度，有效期内产品1 300个，同比增长21％。2017年，在农业部授牌的8家国家级农产品地理标志示范样板产品中，奇台面粉作为国家“升级版”农产品地理标志保护产品代表榜上有名。着力创新农业发展体制机制。如沙湾县全面推进棉花供给侧结构性改革，全面完成农村集体土地确权登记颁证，推进农村集体产权制度改革，实施农机作业招投标制度，探索合作社土地经营权抵押贷款新机制，为11家合作社发放贷款1 955万元。沙湾县棉花实现了“统一品种、统一整地、统一播种、统一管理、统一采收、统一交售”的六统一标准化管理，棉花的品质和产量得到较大提升，农民收入得以稳定提高。额敏县积极推进农业政策性保险，全年参保种植面积达到45万亩、参保奶牛近2万头。另外，许多县将用水总量控制目标层层分解落实，实行考核制度。大部分县市实现了量水到乡、按方收费。

5. 在培育特色产业上有新的拓展

设施农业发展稳步推进，其中南疆四地州现有设施农业面积约30.4万亩，日光温室13.3万亩(含兵团1万亩)，其中喀什约占总面积的47%，阿克苏占33.5%、和田占12.6%。塑料大棚17.1万亩，其中阿克苏约占总面积的74.3%，喀什22.8%、和田2.5%。设施农业有效缓解了南疆地区人多地少的矛盾，部分解决了南疆冬季蔬菜的供给。如岳普湖县全县设施蔬菜面积达到133.4万m^2，形成了越冬茬和秋延后接早春茬两种栽培模式，温室利用率可达71.5%。塔城地区外向型设施农业发展进入新的阶段，依托中哈巴克图—巴克特口岸农产品快速通关“绿色通道”，每年出口的蔬菜占全区蔬菜出口总量的50%以上，蔬菜出口量全疆第一。在特色农业产业培育方面，庭院经济和休闲旅游业也得到了一定发展。如叶城县提出的“十个一”目标(户均一套安居住房、一个有规划的庭院、一座标准牲畜棚圈、一片菜园、一片果园、一群牛羊、一群家禽、一架葡萄、一人劳务输出、培养一名大中专学生)，按照发展意愿自愿和缺项补项的原则，户均增收一万元，全面开展立体特色庭院建设，已建成20 467户(计划完成103 910户)，其中贫困户4 345户。又如，麦盖提县依托“刀郎文化”发展乡村休闲旅游农业，2017年累计接待游客28.58万人次，增长10%，全县有一定规模的农家乐14家，通过发展休闲农业增加了农民收入，促进了脱贫攻坚。昌吉州拥有休闲农业示范县9个，休闲农业经营组织570余家。

6. 在农业节水方面有新的提升

全区目前高效节水面积 3 578 万亩，居于全国第一。农田灌溉水有效利用系数由 2015 年的 0.52 提高到 0.542。严守“三条红线”，退耕减水取得阶段性成效。2017 年喀什、塔城两个地区共退地减水 36.6 万亩。大力推进“井电双控”措施，实现用水总量、定额监控和超定额加价管理。喀什、塔城机电井计量设施配套率接近 100%。在农业水资源高效利用方面，增强小型农田水利基础设施建设力度，大力推广节水技术，全面实施区域规模化节水灌溉行动。如塔城地区高效节水灌溉率达 77%，平均节水增产 20%以上。在水资源的高效管理方面，积极探索新型高效节水运行管理模式，如喀什地区针对当地小农户经营问题，探索了以政府采购服务为基础，专业化灌溉公司托管和“建管护”一体化交钥匙模式，大幅度降低了农户运行成本。积极推进农业水权水价的综合改革，如喀什伽师县、塔城沙湾县开展水权水价试点，将水权量化到户，并颁发初始水权证书，实施阶梯水价制度，为促进节水农业起到良好作用。

(二)突出问题

1. 战略认识不够到位

新疆在保障我国国家安全和生态安全等方面具有特殊战略地位。农业产业是新疆最具有特色优势的基础产业，是实施乡村振兴战略的优先产业，对于实现农民增产增收，全面建成小康社会及保障新疆社会稳定和长治久安总目标具有不可替代的战略地位。新疆是典型的绿洲农业区，也是典型的生态脆弱区。多年的过度开发，造成水资源严重短缺，土壤盐渍化、农田土壤污染、草原草场退化等生态环境问题十分突出，迫切需要在生态文明建设中转变农业发展方式。但在调研中看到，总体上新疆农业发展依然处于传统的“三高两低”(高产量、高投入、高消耗，低质量、低效益)的农业发展阶段，不少部门依然存在忽视农业、轻视农村的现象，许多惠农政策难以真正落实，形成了政策棚架。调研结果显示，2017 年喀什地区本级财政几乎没有农业投入和科技研发投入，援疆投资中农业投资占3.03%。塔城地区农业本级投入15.11亿元，占地区总支出的8%，援疆投资中农业投资仅占3.2%。必须下决心改变农业“说起来重要、做起来次要、资源分配时不要”的被动局面。

2. 产业方向不够明确

一产上水平的方向是实现农业三产融合发展。调研认为，围绕一产上水平问题，在如何处理好传统产业和新型产业上，各地普遍存在对新型产业认识不足，了解甚少，尤其是互联网＋农业、休闲农业、康养农业等新业态几乎很少谈到，特别是南疆更加突出；在农业内部的一、二、三产业融合方面，主要精力还是在初级原料生产上，农产品加工业“短、少、弱”，棉花加工比例不足15%，核桃、红枣、牛羊肉等主导产品的精深加工率不足10%。喀什地区林果产品加工企业实际初加工能力61.4万t，不到果品总产量的32.4%。其中深加工能力17.3万t，不到9%。农业服务业刚刚起步，农产品分级、冷藏、物流、电商等链条不全，总体上新疆农业三产融合发展还处于初级阶段。

3. 技术路径不够清晰

一产上水平实质上是一个经济过程，是涉及技术、经营、政策、管理等多方面的系统工程，农业的强烈区域制约特征决定了一产发展必须要因地制宜，系统考虑，找准突破口，不能搞一刀切。从调研情况来看，大多数地方对提质增效需要破解的问题不够明确，主导产业选择不甚明确，不少政府依然沿用传统生产发展思维，甚至采取下达强制性种植面积等计划经济手段来指导农业，市场经济的决定性作用发挥受到制约，需要从思路上解放思想、创新思维，才能找准突破口。

4. 产业发展政策不够完善

一产上水平最有内在动力的是培育龙头企业和合作社等一批新型经营主体，这就需要政府把服务于大中小微等各种企业作为主体，构建有利于企业落地生根发展的良好创新创业生态。但从考察情况来看，南北疆的产业生态系统普遍存在企业经营成本高、融资难、市场优惠难、补贴不到位、水价电价改革慢、技术创新很弱、合作社管理不善等诸多问题。据自治区农经局统计,2016 年喀什地区注册登记的农民专业合作社 2 779 个,塔城地区 3 425 个。其中种植业合作社占两地总量的 28.98%,畜牧业合作社占 44.68%。其中存在大批僵尸合作社,实际运转正常的不足 10%,出现不少套取政府补助资金的“空壳”合作社。

5. 基础能力建设不够扎实

一产上水平离不开产业发展的基础设施现代化。调研情况来看,农业基础设施欠账多。主要表现在:高标准基本农田建设标准不到位、粮食功能区及耕地保护区尚未完全落实、水利工程特别是农田最后一公里工程滞后、南疆农田三级渠道防渗率低下、农产品加工设备及冷链物流设备严重不足、农业科技服务处于“缺编、缺人、缺资金、缺激励”的状态。数据显示,喀什地区能够正常运行的高效节水工程约 175 万亩,仅占总灌溉面积 23%,已建工程闲置率高达 58%、渠道防渗率 18%,农田灌溉水有效利用系数仅为 0.463,综合灌溉定额 774 m^3/亩,低于全疆平均水平。

二、关于新疆农业提质增效战略地位的再认识

(一)农业提质增效是贯彻落实习近平“三农”思想的重大行动

习近平总书记指出“三农”问题是关系中国特色社会主义事业发展的根本性问题,是关系我们党巩固执政基础的全局性问题。还提出了“三个必须”“三个不能”“三个坚定不移”等新观点、新理念(中国要强,农业必须强;中国要美,农村必须美;中国要富,农民必须富。任何时候都不能忽视农业、不能忘记农民、不能淡漠农村。要坚定不移深化农村改革,坚定不移加快农村发展,坚定不移维护农村和谐稳定)。习近平总书记“三农”思想是做好“三农”工作的根本遵循。新疆根据自身特点要贯彻落实习近平总书记“三农”思想,必须强调质量兴农、科技兴农、绿色兴农,推动农业全面升级,农村全面进步,农民全面发

展，以解决自治区全面实现小康的"短板"。

（二）农业提质增效是实现新疆社会稳定和长治久安总目标的必然要求

习近平总书记强调指出"农业兴、百业兴；农业衰、百业衰；农业萎缩、全局动摇"，"农村稳才能全局稳"。农业可持续发展是实现新疆社会稳定和长治久安总目标的根本基础，农民收入的持续增长是新疆社会稳定的重要保障。坚持一产上水平、农业提质增效，发展壮大特色农业产业，促进经济建设和农业现代化发展，提高农民收入水平，这是实现社会稳定和长治久安总目标的必然要求。

（三）农业提质增效是打赢三大攻坚战的重要保障

必须通过狠抓一产上水平和农业提质增效，增强农业综合生产能力，助力打赢精准脱贫攻坚战。打好防范化解重大风险攻坚战，必须有赖于农业稳定和粮食安全，有赖于稳健发展农村金融业，引导金融服务农业生产和实体经济。打好污染防治攻坚战，必须树立保护生态环境就是保护生产力、绿水青山就是金山银山的理念，严守生态红线，加强农业生态环境保护建设，加大农业农村污染防治力度，强化绿色兴农，促进农业提质增效。

（四）农业提质增效是深化供给侧结构性改革，建设现代化经济体系的重要任务

推进农业供给侧结构性改革，必须走质量兴农之路，着力完善现代农业经营体制。要充分认识到，新疆现阶段农业发展面临着疆内外对新疆农产品更高质量需求与疆内农业产品质量供给不平衡、不充分的新矛盾，必须大力推进农业由增产导向转向提质导向，加快构建新疆现代农业产业体系、种业体系、生产体系、经营体系、服务体系，不断提高农业创新力和竞争力。

(五)农业提质增效是实施乡村振兴战略的重中之重

习近平总书记提出了乡村振兴战略的“五大振兴”理念，把产业振兴放在首位。新疆维吾尔自治区党委农村工作会议上，陈全国书记提出了实施乡村振兴战略的“九个着力”的总要求，把一产上水平、农业提质增效摆在了更加突出的位置。从新疆实际出发，农业提质增效要以产业振兴为目标，突出绿色化、优质化、特色化、品牌化，按照“稳粮、优棉、促畜、强果、兴特色”的部署，以科技创新服务为支撑，合力推动农业一产上水平、农业二产补短板、农业三产延链条。

三、关于进一步厘清农业提质增效的总体思路

新疆农业提质增效的总要求，就是要以习近平新时代中国特色社会主义思想为指导，贯彻党的十九大精神和以习近平同志为核心的党中央治疆方略，紧紧围绕总目标，服从服务于总目标，贯彻自治区党委农村工作会议和经济工作会议总体部署，遵循农业现代化基本规律和现代化产业经济发展规律，立足实际、把握方向、科学谋划、创新驱动、稳步推进。坚持“三个四”的总体发展思路，即“聚焦四高目标、坚持四位协同、着力四个突破”。

(一)聚焦“四高目标”，促进农业朝着“高质量、高效率、高科技、高保护”现代化农业方向发展

一是高质量引领。农业提质增效不仅要注重农产品品质质量，生产出更加安全、健康、优质的农产品，也要注重农业绿色生态质量，更加注重农业绿色发展，推进标准化生产与质量监管，全面提高新疆农业品牌创新力、竞争力和市场占有率。

二是高效率导向。要大幅度提高土地产出率、资源利用率和劳动生产率，延长产业链、提升价值链、完善利益链，推动农业一、二、三产业融合，全面提升农业综合要素生产率。

三是高科技支撑。要以生物技术、信息技术、智能制造等高技术为引领，用现代技术装备改造传统农业。通过科技创新提高供给结构对需求结构的适应性，提高科技创新供给的质量，建立健全农业科技创新体系和农村科技服务体系。

四是高保护支持。农业是受自然规律和经济因素双重制约的产业，具有相对的弱质性。发达国家现代农业都是高度重视对基础设施、农业教育科研、农业科技推广、农业补贴、农业金融、农业保险等方面的保护政策，这是现代农业发展的重要保障。

(二)强化"四位协同"，构建现代农业产业体系

现代化农业产业体系是现代化经济体系的重要组成部分。农业提质增效要实现农业实体经济、农业科技创新、农业现代金融、农村人力资源四位协同发展。

1. 培育壮大龙头企业是重要抓手

习近平总书记指出，实体经济是一国经济的立身之本，是财富创造的根本源泉，是国家强盛的重要支柱。深化农业供给侧结构性改革，离不开现代企业进入农业产业各个环节，采取引进与培育并举措施，大力扶持发展农业加工、流通、销售、服务等企业集群，这是构建现代农业产业体系的关键一招。

2. 发展现代农业金融是重要保障

习近平总书记强调，金融是实体经济的血脉。要促进农业科技与金融的有效结合，积极推动建立多元化、多层次、多渠道的科技投融资体系，优化农业产业创新投融资的环境，解决现代农业产业实体经济融资难、融资贵的突出难题。

3. 强化农业科技支撑是根本出路

习近平总书记指出，创新是第一动力，是现代经济体系的战略支撑。推进农业供给侧结构性改革，促进农业高质量发展的根本出路在科技进步。通过提高农业科技水平，提高农业产业竞争力，通过现代科技成果应用大幅度提高土地产出率、资源利用率和劳动生产率，提

升农业整体效益。

4. 聚集农村人力资源是动力源泉

习近平总书记指出人才是第一资源。创新驱动实质上是人才驱动。现代农业要发展，出路在科技，关键靠人才。要把人力资本开发放在首要位置，大力培育农业农村人才，采取有效政策措施，畅通智力、技术、管理等要素进入农业农村的绿色通道，造就懂农业、爱农村、爱农民的农村人才队伍。

（三）着力“四个突破”，加快传统农业向现代农业转型升级

一是抓生产技术上水平。针对新疆现有区域特色明显的粮食、棉花、林果、畜牧等主导产业生产技术比较粗放、标准化程度低的问题，加大符合市场需求的新品种培育和引进力度以及示范推广力度，加强种养业的绿色高质高效生产技术与模式创建，推进种养现代装备与基础设施升级，通过加强科技创新力度与科技推广示范应用力度，显著提升种养科学技术支撑水平。

二是抓产业增值上水平。针对新疆农业产业链条短、处于产业链低端水平问题，大力开发农业多种功能，延长产业链、提升价值链、完善利益链。实施农产品加工业提升行动，建设现代化农产品冷链仓储物流体系，打造农产品销售公共服务平台。发展数字农业、创意农业、旅游农业等新业态。

三是抓市场竞争上水平。针对新疆农产品市场竞争力不强的问题，要加快新品种新技术示范应用，大力提高农业技术竞争力，降低农产品生产成本。要大力实施新疆农产品品牌创建行动，着力培育一批新疆区域农产品公共品牌和特色品牌标准体系，构建农产品品牌市场服务体系和品牌监管保护体系。统筹规划建立新疆农产品地理标志产品和生态原产地保护基地。

四是抓经营管理上水平。针对新疆农业经营管理服务不到位的问题，要加大力度引进和培育现代农业企业和企业家，依托企业主体作用，促进农业经营管理上水平。要强化乡村振兴制度性供给，加大

力度培育新型农业经营主体，健全完善社会化服务体系，降低政府的公共服务成本。

四、关于重点产业提质增效的问题和对策建议

（一）关于稳粮问题

1. 现状问题

目前，全疆粮食生产处于区域平衡略有结余的状态，人均粮食生产量是全国平均水平的 1.4 倍，其中，全区人均小麦 302 kg（喀什地区人均 346 kg，塔城地区人均 1 296 kg）。但南北疆粮食需求和生产水平发展不平衡，主要表现在小麦食品消费需求与区域小麦品质单一化问题（以中筋和中弱筋为主）引起的结构性矛盾，南疆对小麦食品依赖程度更高，且小麦食品品质诉求与北疆存在一定差异。小麦单产提高难度大，单产一直徘徊不前（在 400 kg/亩左右）。据自治区粮食局统计，全区小麦总消费量稳定在 600 万 t，小麦面积 1 800 万亩，实际总产量 690 万 t，全区总库存量 710 万 t，每年需化解库存 71.8 万 t，去库存压力大，具有适度减少（约 300 万亩）小麦播种面积的余地。南疆果粮间作方式对果粮产量和品质影响大，呈现“双输”局面，必须加大调整。南疆三地州种子体系封闭僵化，阻碍了新品种应用和品种更换速度。南疆饲料粮生产和供给严重不足。

2. 目标思路

稳粮的核心是口粮自给，关键是稳定小麦生产。建议按照“分区施策、区域平衡、南稳北优”的原则，坚持藏粮于地、藏粮于技的解决路径。南疆四地州要稳定现有小麦面积，采用收购兜底、水政调整（以小麦定水适度调整为以林果定水）、退二增一（退出 3 年以上核桃地间作小麦，退出 2 亩间作小麦，增加 1 亩白地小麦，保证小麦总产不变，确保口粮安全）措施。北疆以供给侧结构调整为引领，以小麦生产功能区划定为基础，调优小麦筋力，发展小麦专用粉，延伸小麦产业链。减

少高海拔冷凉区小麦面积。南北疆分区施策积极发展饲料粮玉米，南疆“改模式、提单产、增青贮”，北疆“提效益、减地膜、扩制种”。

3. 技术途径

一是藏粮于技，长期稳定加强小麦、玉米科技投入，设立新疆小麦玉米产业技术体系专家岗位，实施小麦、玉米优质高效科技创新工程；二是藏粮于地，切实加大高标准农田建设力度，大力推进耕地质量提升；三是试点推进果粮间作种植模式改革，适度调整以小麦定水为以林果定水的配水制度，逐步退出三年以上核桃间作小麦；四是南疆试行小麦“退二增一”制度，增加小麦科技投入提高单产；五是大力发展小麦精深加工产业，延伸小麦产业链，提高小麦产业综合效益。

4. 政策建议

①切实落实小麦优质优价、优质优补政策。研究小麦收储新政策下小麦产区与销区利益补偿机制，南疆敞开收购兜底，采取与北疆差异化的收储政策；②对优质小麦统一供种给予补助，对从事优质小麦购销、加工的企业贷款给予贴息奖励；③改革种子供给体系，打破南疆封闭僵化的种子供给体系，运用市场竞争机制，吸引具有小麦种子知识产权、有实力的种子公司参与竞争，提高种子供给质量，加快品种更新；④以绿色生态为导向，试点将农业补贴发放与耕地质量等级保护责任挂钩的机制，引导农民保护地力；⑤试点开展以小麦定水调整为以林果定水的配水制度改革，带动果粮间作模式改革。

(二)关于优棉问题

1. 现状问题

目前，新疆棉花产量居于全国第一位，种植面积占全国的65%，产量占全国的70%，占世界产量15%。棉花收入占农户收入的30%～50%，棉花产业地位依然十分重要。但新疆棉花产量高与品质低的矛盾日趋严重。表现在：一是棉花生产单位以高产品种选择为主，忽视棉花品种内在品质，致使棉纤维长度、细度、强力、马克龙值不符合高支纱纺织企业需求。二是各县乡棉花种植品种多乱杂，甚至多品种混种，造成棉纤维一致性差。三是棉花收获时轧花场混收、混轧，造成原棉加工品质差、纤维一致性差。四是人工采棉“三丝”问题严重，导致棉花商品品质下降。

2. 目标思路

优棉的核心是抓好棉花品质的三个环节：一抓遗传品质，由棉花品种的内在遗传特性所决定；二抓生产品质，由棉花生产过程中的生产和栽培技术应用所决定；三抓原棉加工品质，由籽棉加工成皮棉的加工工艺和设备所决定。优棉的主要目标是：大力发展高品质、高效益棉花生产。切实落实现有棉花生产技术规程，到 2020 年实现新疆棉花质量和效益双增长，主体棉花产品（细绒棉）实现“双 30”目标，棉纤维含“三丝”在国家标准以下。

3. 技术途径

一是制定新疆棉花区域布局规划，进行多类型棉纤维生产布局，形成长绒棉、中长绒棉、细绒棉、短绒棉合理的区域化布局；二是推行实现“一县一种”和区域性棉花统一品种集中生产，提高棉花纤维一致性；三是通过大力推广应用高品质棉花新品种，提高棉花内在品质；四是通过大力推广机械化采棉生产技术，提高棉花生产效率、降低棉花采收成本，降低棉花“三丝”，提高棉花商品品质；五是通过大力推广棉花滴灌高产栽培技术，挖掘单产潜力，提高资源利用率，提高棉花生产品质，降低生产成本；六是加大棉田残膜回收技术应用，试点推广生物降解地膜，减少农药化肥使用量，提高棉花绿色品质；七是通过改进现有棉花轧花设备和工艺，提高棉花加工品质。

4. 政策建议

①加大全疆高标准农田建设，加大南疆棉区滴灌田建设；②加大全疆机采棉收获、运输、清花等配套设施条件建设；③加快组建新疆棉花科技创新体系，形成以“学科带头人＋专业技术创新骨干”为主体的创新团队，重点加强棉花创新重点实验室和试验基地建设，形成持续稳定的科研经费投入制度；④针对影响新疆棉花品质的重大技术问题，组织实施新疆棉花提质增效重大科技行动，着力解决新疆原棉品

质不高的问题；⑤在棉花生产组织形式创新方面，示范推广沙湾棉花提质增效的经验，加强棉花生产一、二、三产业链接，鼓励“一区一品、多区一品”棉花种植，形成“棉纺企业＋原棉加工企业＋区域性生产基地＋棉花生产合作社＋农户”的完整产业链。

(三)关于促畜问题

1. 现状问题

目前，新疆畜牧业生产能力持续增强，2017 年全区牲畜存栏 4 946.45 万头(只)，同比增长 15.7％，肉类产量达到 153 万 t、牛奶产量 160 万 t、禽蛋产量 37 万 t，人均占有量明显高于全国平均水平，成为名副其实的西北畜牧业生产大区。主要问题：畜禽主导品种优势地位不突出，优良种畜供种能力不足，畜禽良种繁育体系不健全；育种工作缺乏长期性，技术服务体系不健全。传统养殖方式仍占主导地位，总体现代化水平不高；传统农户养殖方式不利于畜牧业实用技术推广，影响和制约了新疆畜牧业养殖效益水平的提高；草地牧业超载严重，农区牧业的饲草料供给存在区域性不平衡，秸秆有效利用不足；动物疫病防控形势严峻；畜牧产业化发展相对滞缓，缺乏龙头企业辐射带动作用，畜牧产业的生产、加工销售环节链条短、效益差。

2. 目标思路

按照“促畜、增草、强防疫”的要求，坚持生态优先、绿色发展、农牧结合、牧区繁育、农区育肥的原则。优化提升传统牧业，创新发展现代畜牧业，努力把畜牧生产大区建设成为畜牧产业强区。北疆重点提升良种牛羊繁育规模和水平，加快暖季放牧、冷季舍饲模式的推广运用，倡导牧区草畜有序流转。南疆依托托养模式扩大牛羊养殖与育肥规模，提高良种繁育能力和育肥水平，推进特禽标准化规模养殖水平。以促进畜牧业现代化发展为导向，建立健全现代畜牧业良种繁育体系、标准化与规模化养殖体系、饲草料生产加工保障体系、产品加工经营体系和疫病防疫体系。

3. 技术途径

一是种畜以优质高产优先，倡导引进与本地培育结合，加速畜牧新品种更新换代；二是重点实施畜牧业生产"四良一规范"推广应用，加快现代畜牧业示范区建设；三是以稳定或适度增加存栏量、大力提高畜禽出栏量为突破点，农区推广绵羊冬羔生产、"两年三产"、"小户繁育、大户（合作社或育肥企业）育肥"，肉牛推广自繁自育、异地育肥等养殖生产模式；四是利用早期断奶育肥技术开展肥羔生产，提高生产效率；五是探索"牧区繁育农区育肥"或"暖季放牧冬季舍饲"的合作经营生产方式，提高养殖效益；六是南疆以建立"小户繁育、大户（合作社或育肥企业）育肥"的生产模式，提高南疆地区肉羊肉牛育肥规模水平；七是加快农区节水型人工饲草产业发展，提高秸秆饲料化技术利用，构建新型饲草产业发展格局。

4. 政策建议

①政府协调银行放宽养殖贷款门槛，继续加大政府对优良种畜禽和主导品种能繁母畜财政补贴力度，调动畜禽育种企业积极性；②落实粮改饲项目补贴政策，推进南疆地区粮改饲（草）和北疆地区旱改草工程建设；③建议对疆内饲草运输实施"绿色通道"政策及饲草料购销贷款贴息补助等优惠政策；④建议自治区出台对主要品牌畜产品外销运费补贴政策，提高我区畜产品在国内市场的价格竞争能力；⑤建立稳定的畜牧业基层技术服务队伍、健全利益保障机制政策，提高我区畜牧业基层技术服务人员工作补贴，并进一步加大培训力度，提高队伍综合服务技能。

（四）关于强果问题

1. 现状问题

目前，全区果品产量达到 1 890 万亩，产量 730 万 t，人均占有量 304 kg，是全国平均 121 kg 的 2.5 倍，成为名副其实的果品生产大区，果品收入占农民生产性收入的 40%以上，是南疆主产区农民收入的主导来源，产业地位极为重要。主要问题是：传统农家品种退化，新品种少，布局不合理；投入不足，管理技术落后，导致单产和品质下降；林果企业、专业合作社、家庭林场等多元化新型林果经营主体培育滞后，现有标准体系远未落实于林果种植生产；水资源匮乏、林果与农作物种植水肥矛盾加剧，导致双方产量、品质下降；果品质量安全监管力度不到位，超量使用化肥、农药和植物激素，林果产品质量安全检测体系不健全；林果生产机械化程度低，产品加工转化能力弱，市场竞争能力差。

2. 目标思路

以开拓果品市场为导向，走“品质强果、标准强果、特色强果、加工强果”的强果道路。以“稳定面积、优化品种、更新技术、提质增效、开拓市场”为导向，整体推进全产业链，把新疆林果业建设成区域特色鲜明、产业布局合理、经济效益显著、生态环境良好、城乡统筹发展的国家级现代特色林果产业聚集区，实现新疆从林果大区向林果强区的飞跃。到2020年实现全区标准化面积占总面积的35%，优质果品产量占总产量的40%，商品果率达到80%以上。

3. 技术途径

一是优化林果区域布局，突出地域优势和特色，积极培育新型果树树种(品种)，实行特色林果差异化分类经营；二是优化种植模式，以水定地，调整配水制度，南疆果粮间作模式应适时退粮保果；三是研发推广先进成熟的标准化生产等关键实用技术，积极探索适宜新疆的林果简约化栽培技术、密植低效果园改造技术；四是强化灾害综合防控，提高林果基地御灾能力，以林果业有害生物、低温冻害、大风沙尘三大灾害为重点，构建覆盖全区的特色林果业灾害综合防控体系；五是大力创建新疆果品区域品牌，加强果品分级等初级加工业及果品储运、精深加工业。

4. 政策建议

①显著提升林果产业战略地位，以高标准果园建设为抓手，促进林果产业现代化；②创新财政补贴方式，新增财政补贴资金重点向新疆特色林果产区和新型林果经营主体倾斜；③实施特色林果有害生物防治特殊支持政策，试点特色林果有害生物纳入公益防治支持范围；

④构建林果业社会化服务体系，采取政策扶持的方式，探索创建林果技术服务公司，引入专业化、社会化的服务体系。

（五）关于节水农业问题

1. 现状问题

新疆节水农业发展水平居于全国前列，节水面积达 3 578 万亩，约占全国节水灌溉面积的 14%。但新疆农业用水占全区社会总用水量的 93%以上（全国平均 62%），农业节水压力巨大。南疆地区高效节水发展缓慢。受到小农户经营体制制约、现有渠系防渗基础薄弱，以及果粮间作滴灌技术不成熟、缺乏节水约束与激励机制等因素影响，节水工程停运闲置问题较为突出，已建节水工程的闲置率高达 30%以上。由于缺乏高效率泥沙处理技术和末级渠系水量自动化测控技术，河水滴灌供水保证率偏低，泥沙淤积问题突出。滴灌田间水肥管理较粗放，滴灌节水增产效果未充分发挥。南疆地区近年来适合水源条件的棉花面积压缩，而林果业规模扩大。但受春水不足限制，随着果林耗水量逐渐增加，粮、果、棉争水问题日益突出。

2. 目标思路

按照“建管并重、以水定地、夯实基础、改革机制、提升技术”的基本思路，加强以高效节水为重点的农田水利建设，继续实施大中型灌区节水改造，加强末级渠系量测水设施建设，到 2020 年全疆地方系统高效节水灌溉面积达到 4 300 万亩，高效节水面积比例达到 59%，农田灌溉水利用系数提高到 0.57，综合毛灌溉定额降低到 555 m^3/亩，农业用水量控制在 492 亿 m^3 以内。

3. 技术途径

一是加快末级渠系防渗和量水设施建设，积极推广整体装配式渠道防渗技术和自动化量水技术；二是试点探索南疆地区“先建机制、再建工程”的新型高效节水工程建设模式；三是推广小流量精细滴灌技术，逐步试点互联网＋自动化滴灌技术，积极推广高效率滴灌泥沙处理技术；四是强化种植结构调整的水资源供需保障分析，按照以水定地原则，优化林果用水灌溉制度与粮、棉、林种植布局；五是强化科技支撑，提高精准灌溉水平。

4. 政策建议

①严守水资源管理三条红线，落实阶梯水价制度；②建立节水补偿机制，试行基本农田节水工程水费奖励制度；③对南疆未实施高效节水的大户或私人农场酌情计征资源水价；④加快北疆、东疆地区水权水价改革试点，强化节水设备质量监管和将新产品纳入农机补贴；⑤试点开展退地减水纳入休耕补偿机制。

（六）关于设施农业问题

1. 现状问题

目前，全区设施农业生产面积稳定在 100 万亩左右，生产蔬菜瓜果 300 万 t 左右，平均每亩纯收入 6 100 元，已逐步成为农民增加收入的特色产业。主要问题：一是设施生产水平低，附属设施不配套，环境调控能力差；二是缺乏必要的育苗基地，幼苗质量差；三是作物连茬严重，病虫害加剧，农药施用过量；四是缺乏设施专用果蔬品种；五是生产经营技术滞后，生产效益不高，不能形成规模化生产；六是北疆冬季蔬菜供给缺口大，周年生产布局难度大，农产品储藏保鲜、冷链物流能力不足，市场体系不健全。

2. 目标思路

以“控制规模、提高效益、降低风险”为方向，提高温室大棚利用率，发展设施果蔬有机生产技术，培育绿色无公害品牌产品，实行标准化生产，提高从业农民专业素质和种植水平，示范推广“政府＋企业（农民合作社）＋农民＋基地＋技术＋信息服务”的经营模式，促进设施农业产业提质增效。积极发展特色果蔬反季节生产，提高冬季蔬菜自给供给能力。

3. 技术途径

一是完善废旧日光温室改造升级，推广高效设施保温增温技术；二是适当发展标准拱棚、双膜小拱棚等低成本轻简化温室，大力开展春提早、秋延晚乃至深冬茬设施农业生产，满足反季节特色果蔬供给需求；三是加强设施农业育苗基地建设，发展集约化统一育苗，切实提高育苗质量；四是根据各地不同地域特点和市场需求，因地制宜做好“一园一品”“一村一品”规模化订单生产；五是完善冬贮方式及冷链物流，提高果蔬售前保鲜技术水平，加强农产品质量安全体系建设和检测检验力度。

4. 政策建议

①引导支持设施农业经营主体向农业生产企业、合作社和种植大户集中；②加大投入，支持南疆果蔬保鲜库建设，调节蔬菜季节性供需矛盾；③加大从业农民技术培训，强化人才服务队伍建设，充实设施农业技术力量；④采取优惠政策，扶持发展设施农业专业合作社和培植企业；⑤试点研究设施农业灾害保险补贴政策，加大保险支持力度。

(七)关于农产品加工业问题

1. 现状问题

目前，全区农产品加工业年总产值约 1 400 亿元，年均增长 7%，规模以上农产品加工企业 876 家，其中，高新技术企业 30 家，农产品加工转化比值提高到 0.62∶1(全国平均 2.2∶1)，总体上呈现稳中向好态势。主要问题：一是农产品加工龙头企业规模和数量偏小，带动产业能力不强，农产品加工企业融资贷款难，企业缺少研发平台和专业技术人才；二是农产品冷链物流技术体系和贮运装备比较落后；三是农产品加工有影响力品牌少，农产品终端销售市场和销售方式单一；四是农产品质量安全评价技术标准体系缺乏。

2. 目标思路

按照“夯实基础、补齐短板、强化科技、开拓市场”的基本思路，加速改变新疆原料生产大区、农产品加工小区的现状，加快向农产品加工业大区转变。充分发挥农产品加工、贮藏和销售等对一产上水平的引领作用，依靠科技推动农产品精深加工技术水平，着力强化提升新疆农产品产后加工增值升级。使农产品加工业成为带动前端种植、后端物流营销和服务网络的枢纽型产业。

3. 技术途径

一是以培育和引进农产品加工龙头企业为突破口，带动特色种植业的发展；二是积极推广“互联网+”“十城百店”模式等多种农产品销售模式；三是加快企业科技创新和产业升级，引导企业向前端延伸带动种植生产，向后端延伸建设物流营销和服务网络；四是建立“三品一标”的质量和品质标准，解决农产品品牌弱的问题；五是引导企业增加科技投入，提升企业的技术创新能力。

4. 政策建议

①培育“疆字头”的区域公共品牌，统领全疆特色农产品加工产品品牌建设，彻底改变目前品牌杂乱、市场竞争无序的现象；②利用援疆机制推动内地省市建设冷链销售基础，完善果品配送销售体系；③试点给予农产品初级加工企业用电与农业生产用电同价政策；④试点改革调整“绿色通道”政策，给予初级加工产品享受鲜活产品同等优惠政策，降低企业成本；⑤在南疆地区大力培养农产品销售经纪人队伍，完善种植产业和加工企业之间的沟通机制。

(八)关于旅游休闲农业问题

1. 现状问题

目前，新疆旅游休闲农业处于初期较快发展阶段，2016 年全区休闲农业经营组织 6 050 家，从业人员约 6 万人，完成营业收入 35 亿元，同比增长 18%，年接待旅游人次 1 739 万，比上年增长 20%。主要问题：一是现有的旅游基础设施较难满足迅速增长的游客需要；二是休闲农业经营管理和行政管理制度不完善；三是休闲农业环境管理机制不完善、缺乏相关政策约束；四是休闲农业创新力度不足，主题单一，资源挖掘不够。

2. 目标思路

从认识上要把发展旅游休闲农业作为引领农业绿色发展的优先产业来抓，以三次产业倒逼一产上水平。实施“旅游+农业”专项行动,大力挖掘新疆农牧业地区的旅游产品,强化顶层设计,抓好规划布局,制定产业政策,促进新疆休闲农业与当地资源结合更紧密、文化内涵挖掘程度更深刻、一、二、三产业发展更加融合、休闲农业布局更为合理、休闲农业特色差异化更加清晰。

3. 技术途径

一是编制旅游农业与乡村旅游产业发展规划,强化顶层设计,防止盲目发展;二是加强旅游休闲农业产品设计和研发,提高科技服务水平;三是发展"互联网＋休闲旅游农业"信息化平台建设,打造全产业链发展平台;四是完善全疆各地区休闲农业园区的基础设施,促进新疆休闲农业的发展。

4. 政策建议

①鼓励社会资本支持发展休闲农业,促进休闲农业企业化;②对休闲农业园区环境管理规范化,出台相关的环境管理条例及环境管理奖励政策;③对休闲农业园区基础设施、经营主体等管理规范化,出台相关的管理制度。

(九)关于数字农业问题

1. 现状问题

目前,新疆农业信息网络基本实现了互联网覆盖率高、行政村通电话率高、远程教育覆盖率高的阶段性目标。远程教育实现县、乡、村全覆盖,覆盖100%的社区。通过"金农工程"一期项目在全区的全面实施,65%以上的县(市)建立了信息服务平台,20%以上的乡镇建立了信息服务站。新疆农业数字信息技术已经在全疆农业生产、经营、管理、服务等方面得到示范和推广应用,并取得显著成效。2015年启动国家农村信息化示范区建设,农业信息交换标准、农业信息推送、农业信息交换共享、农业大数据分析、农业电子商务、农业特色旅游等诸多方面相关技术获得突破。但新疆数字农业水平在全国还处于中等偏下水平,尤其是应用效益指数偏低,处于全国落后水平。主要问题:政府主管部门特别是基层政府主管部门对农业信息化重要性整体认识水平不足；政府缺乏农业信息化协同推进平台和顶层设计，各自为政，建设标准不统一、数据孤岛严重、难以实现农业大数据资源的开发利用；平台建设脱离真实需求，缺乏对农民生产有价值的数据，无法有效支撑生产决策和风险预警；农业信息服务手段落伍单一，缺乏有效、有价值农业信息获取渠道和农业生产综合大数据服务平台。

2. 目标思路

以"应用驱动，数据支撑、集成创新，点面结合、普适普惠"为指导，以提高农业生产智能化水平为目标，推动现代信息技术在农业生产各领域广泛应用，通过三年建设，力争物联网技术、大数据技术、北斗导航等在设施农业领域、大田种植领域、农产品加工流通领域、农产品销售等领域建立一批智能化大数据管理平台，促进农业生产经营数字化、网络化，助力农业提质增效。

3. 技术路径

一是根据农业农村部已发布的 116 项节本增效农业物联网应用模式，全区积极借鉴成熟可复制的经验做法，探索符合新疆实际的"互联网＋"现代农业发展模式；二是加快发展农业电子商务、土地整理确权与交易数据化，推动信息技术在农业经营领域的创新发展；三是加快农业大数据中心建设，完善农业数据仓库，构建数据集市，加强数据挖掘与分析利用，建立农情、农产品价格、农产品质量等不同主题数据库，为决策、管理和服务提供数据支撑。

4. 政策建议

①加强统筹协调，建立自治区级农业大数据中心，试点建立数据所有权、管理权与使用权分离的数据资产管理机制，推动农业数据资源整合交换、共建共享，分层分类对外开放。②制定相关制度，鼓励引导本地物联网企业开展农业物联网技术设备研发和产业化推广示范。③贯彻落实相关优惠政策，加快信息化科技成果转移转化。④降低农村网络通信费用，减轻农民负担，推动建立普适普惠的农业信息服务体系。⑤创新各类农业信息化项目建设运行模式，广泛吸引社会资本参与，推进政产学研用深度融合，推动建立长效发展机制。

五、重大保障措施与试点改革政策建议

(一)增加农业投入,加大现代金融支持力度

落实农业农村优先发展战略,切实加大农业投入力度。①进一步建立健全农业投入持续增长机制,确保力度每年有增加。②推行耕地地力保护和粮食生产适度规模经营补贴比例分配机制改革。③试点把退地减水的农田纳入国家休耕补贴试点范围。④优化财政资金支农投向,重点加大对农业设施、农业创新技术、农业产品质量、农业品牌、农业绿色发展等领域的资金投入。⑤试点设立农业发展基金、担保基金、信贷风险补偿基金等,用于对新型经营主体贷款担保、金融机构风险补偿,形成农业信贷风险共担机制。⑥试点开展扩大农业产品保险范围,开发适合新疆农业特点的保险品种,完善以政策性保险为基础的基本农业保险制度,建立多层级政府主导的融资性担保基金。

(二)建立科技创新体系,强化科技支撑能力

①着力壮大新疆农业高新技术产业,按照先行先试、分类指导的原则,规划布局10个左右自治区级的农业高新技术产业开发区和20个左右的现代农业产业示范园区,支持培育100个左右农业高新技术企业。②在农作物和畜禽种业、棉花、畜牧业、小麦高效丰产、果品产业、农产品加工业、南疆果粮种植制度改革、农业节水、旅游农业、数字农业、智慧农业、电商农业等方面实施一批重大科技专项,力争关键领域有所突破。③组建20个左右的新疆现代农业产业技术体系,30个左右的技术创新战略联盟,组建自治区农业提质增效专家智库组织。④大力支持自治区农科院、畜科院、林科院、水科院、农大等研究机构自主开展岗位设置、职称评审、成果转化、分配机制等体制机制改革,鼓励建设一批农村科技服务基地和试验基地,给予减免用地、用水等相关费用的优惠支持。⑤加强基层农技推广服务体系建设,完善地州

市、县、乡三级科技信息服务网络体系。⑥制定优惠政策与激励机制，深入推行科技特派员制度，引导高等学校、科研院所开展农技服务，鼓励和支持科技人员去领办、联办各类专业协会、农技服务实体，鼓励农业院校毕业生到基层农业推广机构工作。⑦落实农技推广服务特聘计划，试点改革基层农村公益性岗位连续聘用制度。稳定提高面向农村科技服务人员待遇，推行允许以提供良好增值服务获得合理报酬的新机制。

(三)扶持农业企业，促进农业一二三产业融合发展

①支持农业企业规模化原料基地建设，引导农产品加工企业向主产区延伸，建设一批布局合理、优质稳定的规模化、标准化的农产品加工原料生产基地和加工基地。②对符合农产品精深加工范围的企业，免征 5 年自用土地的使用税。③试点推行农产品初加工企业用电实行与农业生产用电同价政策。④试点开展农产品初级加工产品(分级、脱水、净化、烘干等)享受绿色通道优惠政策。⑤对实施农产品加工国家鼓励类项目的企业，所需进口国外先进设备的试行所缴纳进口环节增值税按规定予以抵扣政策。⑥落实农产品初加工企业所得税优惠政策，企业可凭收购发票按规定抵扣增值税。⑦设立国家、自治区农业(龙头)企业、农业产业化企业重点项目工程库。⑧对在特色农产品主产区，特别是南疆林果主产区建设的企业，试行优先供地、优先配置资源和优先审批。⑨自治区地方金融机构要创新金融产品，增加贷款投放，单列支持农业(龙头)企业、农业产业化企业在特色农产品、林果业发展的信贷计划，对其贷款应给予利率优惠。⑩优先扶持本地农业企业，对引进的企业在促进产业发展和带动当地特色产业发展贡献突出的，给予优先支持。⑪对农业企业用于农业生产发展的生产经营设施、附属设施和配套设施用地，符合国家有关规定的按设施农用地管理。⑫支持农业企业开展大宗鲜活农产品产地预冷、冷藏保鲜、冷链运输等设施建设。

(四)落实惠农政策,着力培育农业新型经营主体

①扶持发展种养大户和规模适度的家庭农场带动小农户,鼓励农民以土地、林权、资金等为纽带,开展多种形式的合作与联合,提升农户家庭经营能力和组织化程度,推动家庭经营与集体经营、合作经营、企业经营共同发展。②总结农民专业合作社和新型农业经营主体带动农户经验,深入推进示范社建设,引导和促进农民合作社规范发展。③在条件成熟地区,鼓励组建农民合作社联合社,引导发展农业产业化联合体。④支持农业产业化龙头企业和农民合作社开展农产品加工流通和社会化服务,带动农户发展规模经营,促进各类新型农业经营主体融合发展。⑤各级财政要将扶持新型农业经营主体发展列入财政预算,建立与财力增长相适应的稳定投入增长机制和政策落实与绩效评估机制,构建框架完整、措施精准、机制有效的政策支持体系,促进新型农业经营主体持续健康发展。

(五)加大“三农”人才培养力度,健全基层技术人才服务体系

深入推进科技特派员工作,在现有科技特派员服务覆盖范围基础上,继续选优选强科技特派员,延伸科技特派员服务链,深入贫困边远行政村开展技术服务工作。依托重大科研项目、重大工程、国际交流合作项目,利用对口援疆机制,试点“组团式科技援疆”模式,创新农业人才培养模式,推动人才结构不断优化,重点培养具有强大创新能力科技专家和高水平专业团队。支持科技领军人才、高技能人才、专业技术人才等到基层开展农业技术服务,引导高校毕业生到基层就业创业,推进农村大众创业、万众创新。重视培育农村乡土人才,组织协调基层社会管理组织、经济服务组织、农业专业合作社、龙头企业等,针对农民企业家、回乡大中专毕业生、农村种植高手、养殖能人和能工巧匠等新型职业农民制定完善相关法规政策,使农村乡土人才工作有章可循,做到有项目支撑、有经费保障、有技术支持,充分发挥好农村乡土人才在农业提质增效工作中的示范引领和带动作用。

总统稿人：高旺盛

主要执笔人：杜伟、马建荣、吴新元、张金山、刘康、张胜江、蒋平安、乔刚、吴斌、白涛、陈源泉

第三章　新疆粮食生产提质增效专题调研报告

一、发展水平及现状评估

(一)新疆总体水平及未来趋势

1. 新疆粮食生产现状

(1)小麦　新疆小麦生产历史上曾经多次波动,主要原因:一是新疆远离内地省份,运距长,小麦进出均不方便;二是新疆灌溉农业使得小麦、玉米、棉花、果树地块重叠,由于价格波动、技术进步使得厚此薄彼、顾此失彼成为常态。2003—2008 年期间,新疆小麦面积为 933 万～1 317 万亩[1](1 亩≈666.7 m^2,下同),出现了从内地调粮的局面,2009—2017 年小麦实现“九连增”[1],自 2014 年新疆小麦供给平衡被打破,出现库存积压。2003—2017 年 15 年时间,新疆投入大量财政资金用于小麦生产,仅近 4 年出现库存积压,可见小麦供给从不足到有余是个缓慢的过程,小麦面积上升极缓慢,下调速度却很快。

北疆、东疆小麦产销区域明显,东疆、乌鲁木齐、克拉玛依等地为销区,其他地州为产区。新疆小麦品质特点明显,主要是中弱筋、延伸性好,适于制作新疆拉面、馕。南疆四地州解决温饱问题时间不长,全吃细粮的时间仅为12～20年，其中喀什、和田、克州三地州不足15年，农民种小麦积极性一直很高，同时对小麦补贴政策不敏感。北疆社会发展水平较高，进入21世纪后农民基本不储粮，面粉的成品消费和半成品消费日益增长，标准化面粉市场需求旺盛，追求类型多样，品质对小麦筋力的要求不断提高；小麦生产区域各异，生态类型多样，是发展优质专用小麦的基础。

南疆地区纬度低、热量资源丰富，但与黄淮、华北地区相比又显不足。以小麦为前茬的“两熟制”耕作制度不可动摇，小麦秸秆全部用于饲喂牛羊，约占南疆饲草的40%，后茬作物也是发展以饲料业为主各个产业的重要手段；北疆小麦产区分散、地形气候差异明显，海拔在400～2 200 m，低海拔区以冬麦为主，高海拔、高纬度区以春麦为主，小麦品质变化剧烈[2]；虽然北疆地区人均耕地较多，小麦生产易于实现规模化，但小麦比较效益较低[3]。改革开放以来，小麦先是为棉花腾地，近十年来又为玉米腾地、为特色经济作物腾地，小麦田逐步向山上、向瘠薄盐碱地转移，不仅影响小麦产量，也极大地影响小麦品质，难以发挥新疆灌溉农业和优质小麦产区的优势，传统的优质小麦产区仅靠补贴政策和行政手段艰难维持；新疆地区小麦科技投入（尤其是源头科技投入）严重不足，目前生产上使用的主栽品种基本上是20世纪90年代培育的品种，小麦的冻害、倒伏、雪霉雪腐病、穗发芽、条叶锈病、白粉病、赤霉病等危害严重。

（2）玉米　北疆玉米是全国的高产区，玉米高产全国纪录均在新疆诞生。北疆玉米已经实现全程机械化生产，劳动生产率很高。北疆玉米高产的主要原因：一是国外跨国公司的耐密高产品种为源头技术，配合其高发芽率的种子质量，实现了全程机械化并极大地减轻了劳动强度；二是社会化服务（如播种、中耕、收获、灌溉、烘干）水平很高且完全市场化；三是有加工企业和流通企业收购。南疆四地州玉米约占全疆面积的40%[1]，是南疆最重要的饲料来源，也是基本封闭的市场，单产低，与北疆相比单产仅为北疆高产区的30%～40%[1]。南疆玉米单产低的主要原因：一是复播玉米单产必然低于北疆春播玉米；

二是南疆农田地块小，不利于机械化生产，导致玉米技术服务如播种、中耕、收获机械水平低；三是南疆玉米生产物化投入严重不足；四是南疆玉米科技投入极少；五是复播玉米在林下间作比例过大。

玉米在南疆农业中不可或缺，是最大的饲料来源。北疆玉米多数要烘干，耗能并影响冬麦播种、地膜不易揭掉易造成二次污染。自治区在南疆玉米的科技投入少之又少，与北疆相比（尤其是市场化投入）几乎是天壤之别，品种老化、种子价格低、物化投入少几重矛盾叠加致使玉米生产处于恶性循环中。

2. 粮食生产技术应用推广

（1）小麦　小麦生产技术自 20 世纪 50 年代以来历经机械化播种、沟直沟播、叶龄模式栽培、模式化栽培（各种栽培规程应用）、节水滴灌高效栽培技术等技术应用推广，伴随着病虫草害防治技术进步和化肥投入增加，取得了很好的效果。但几乎所有栽培技术应用的前提是小麦品种的改良，品种更换是小麦单产提高的最重要的技术。

（2）玉米　玉米生产技术自 20 世纪 50 年代引入苏联杂交种开始，始终围绕着品种更新换代在机械化应用、病虫草害防治、化肥合理投入、全程机械化、节水滴灌高效栽培技术等技术应用推广，取得了巨大的技术进步。最明显的成绩是近十多年来，伴随着国外跨国公司耐密型品种和高质量种子加工技术应用，以及节水滴灌高效栽培技术普及，新疆北疆地区实现了玉米全程机械化生产，单产跃居全国首位，年年出现全国高产纪录。但南疆四地州由于地块小、果粮间作、社会发展水平低、种子市场封闭等原因，新技术应用处于停滞徘徊状态，单产水平处于较低水平。

3. 粮食生产在全国的地位

（1）小麦　2017 年新疆小麦种植面积 1 792.43 万亩，2016 年 1 934.07 万亩[1]，2016 年新疆小麦总产 723.06 万 t，位居全国第六位，在河南、山东、河北、安徽、江苏之后；单产 373.85 kg/亩，位居全国第五位，在河南、山东、河北、安徽之后[4]。2018 年小麦种植面积急剧减少，预计在全国排名在第九位以后。新疆小麦种植面积较大，单产较高，但由于自给自足式定位，未列入国家小麦主产区，因而无法享受国家小麦主产区政策支持。与棉花相比，得到的国家扶持政策较少。

(2)玉米　玉米是新疆第三大作物。改革开放后玉米逐步成为饲料和工业原料作物以及制种产业，近 20 年来又发展为完全由市场调节，且健康发展的优势大作物。2017 年新疆玉米种植面积为 1 625 万亩，占全国玉米种植面积的 2.7%[4]。新疆玉米单产南北疆差距很大，北疆春播玉米亩产超过 900 kg，最高纪录超过 1 600 kg/亩；南疆四地州复播玉米亩产不足 400 kg。新疆玉米在全国的比重很小，但其作用不可忽视：一是满足新疆畜牧业需要；二是满足玉米加工业需要；三是满足国内玉米制种业(玉米制种国内第二大基地)；四是北疆已成为事实上的国际玉米新品种测试平台，国际跨国公司玉米品种进军中国市场的首站。

(二)与全国或者典型省区比较

小麦是新疆第二大作物，总体定位是自给有余。与国内小麦产区相比，新疆由于水稻很少而对小麦依赖性很高。新疆小麦种植面积约为小麦大省河南省的 1/4，约为山东省的 1/3，与陕西、湖北、四川、山西等省相近，高于甘肃、宁夏、内蒙古等省区。新疆小麦单产比河南省约低 50 kg/亩，比河北省约低 40 kg/亩，比山东省约低 35 kg/亩，与新疆灌溉农业的条件并不相称[4]。新疆小麦分布之广为全国之最，北纬 36°～48°均有小麦种植，加之冬春麦兼种，小麦生态类型之多也为国内罕见，这就为新疆小麦科研、生产指导、品质调控带来极大的难度。

新疆玉米种植面积在全国排名约第 12 位，在全国玉米种植面积的占比不足 3%，国内玉米种植大省分别为黑龙江、吉林、内蒙古、河南、山东、河北等。新疆玉米单产位居全国前列，全疆平均约为 500 kg/亩(含制种玉米)，比全国平均亩产 400 kg 高出约 100 kg，与吉林省相当[4]。值得注意的是，新疆玉米单产南北疆差距很大，北疆春播玉米亩产超过 900 kg，属国内玉米产量最接近玉米高产国美国的区域，最高纪录超过

1 600 kg/亩；南疆四地州复播玉米亩产不足 400 kg，也远低于国内复播玉米区域的单产水平。

二、需要破解的突出问题及原因分析

（一）小麦

1. 南北疆农业发展水平不平衡

全疆粮食生产处于“区域平衡，略有结余”的状态，南北疆粮食需求和生产水平不平衡，主要表现在小麦种植意愿南疆高北疆低、单产南疆高北疆低、供给侧结构改革需求南疆低北疆高。南疆人口众多（四地州人口 1 007.57 万人），人均耕地面积少，人均 0.8 亩粮田[1]；运输不便；当地人口对小麦食品依赖程度极高，且小麦食品品质诉求与北疆存在差异（以家庭直接消费的中弱筋小麦为主，不习惯北疆偏中筋的小麦，随社会发展水平的提升将逐步需求中筋小麦）；小麦秸秆全部用于畜牧业养殖，占饲草的 40%左右。因而南疆四地州粮食问题既是粮食安全、饲料安全问题，更是政治问题。北疆虽然农业生产水平较高，但比较效益原因使得小麦在 20 世纪 90 年代为棉花让出了面积，21 世纪初开始逐步为玉米让出面积。农民种小麦积极性不断下降，近 15 年来小麦逐步向高海拔区域发展，继而引发品质下降、流通不畅，小麦补贴政策使得小作物发展空间被严重挤压。2018 年小麦收储政策进一步加剧了小麦比较效益差距，农民小麦种植积极性进一步下降。

2. 果粮间作使南疆粮食安全存在隐忧

南疆四地州现有小麦面积约 800 万亩，四地州小麦单产为阿克苏地区 450.87 kg，喀什地区 403.67 kg，克州 403.27 kg，和田地区 373.87 kg，总产约 331.8 万 t，人均占有小麦 329.3 kg[1]，按照联合国农村人均口粮标准每人每年 273 kg 计算，南疆四地州需消耗 275.1 万 t 口粮，实现了口粮有结余和口粮绝对安全。四地州林麦间作面积占小麦面积的60%以上，其中核桃‖小麦间作面积约200万亩，红枣‖小麦间作面积约200万亩，杏子‖小麦间作约40万亩，巴旦木‖小麦间作约70万亩；随盛果期果树不断增多，粮食安全存在隐忧。大面积果树进农田，总体上缺乏前期试验研究基础，缺乏统一规划，缺乏统一的市场调研，尤其是把荒滩果树建园经验用于农田果粮间作有相当的盲目性，造成果树肥水过旺修剪量很大，对果树和农作物的管理均造成极大的压力。大面积果树进农田后，对各种新型间作模式缺乏科技投入，尤其缺乏全面系统的基础性研究，致使许多生产问题无法得到科技支撑，如核桃是否适合间作小麦？配水制度应以小麦为主还是以果树为主？果树和农作物病虫害加重了怎么防治才科学？果树什么样的株行距最合适等。

3. 北粮南运基本不可行

在新的粮食收储政策影响下，预计北疆向南疆调粮的可行性不大，原因如下：一是北疆低海拔区小麦与棉花、玉米种植区重叠，小麦比较效益远不如棉花、玉米，因而小麦不断向高海拔只能种麦类的区域转移，除去行政因素，小麦面积将呈不断减少的趋势，预计2～3年前期库存消耗完后北疆地区内部小麦将呈现紧平衡态势而没有余粮调出；二是北疆小麦市场向专用方向发展，市场对小麦品质的追求为中强筋、中筋方向，这类小麦在高海拔区域生产难度较大，势必导致低海拔区小麦原料价格上升带动高海拔区小麦价格上升；三是运输成本高，北疆小麦商品粮主产区主要是昌吉州东部、伊犁河谷、塔城盆地，昌吉州小麦主要供应本地和乌鲁木齐、吐鲁番地区，向南疆调粮只能依靠伊犁河谷和塔城盆地，铁路运距二地至喀什约为2 100 km，公路运输通过218线、217线伊犁河谷较近为1 400 km以上，塔城更远，但运输时间只能为每年6—9月，运费将成为沉重负担；四是南疆地区对小麦品质需求与北疆地区差异较大，南疆地区以中弱筋、延伸性好的小麦为主要消费取向，北疆地区的小麦筋力偏强，少量调运可调剂市场，大量调运易引起社会反应。

4. 果麦间作应差异化稳步退出小麦

在确保口粮绝对自主安全前提下，以何标准划定区域稳定小麦产量？南疆果粮间作模式对果、粮产量和品质影响参差不齐，往往呈现“双输”局面。据新疆农科院粮作所研究，光照时间和光照强度是影响间作农作物的主要原因，核桃‖小麦间作对小麦产量影响最大，其次是杏子、巴旦木、红枣；核桃间作农作物中，马铃薯产量受影响最小、小麦次之；农民在核桃中间作小麦主要原因：一是出于对小麦的需求、意愿和感情，二是配水制度为以小麦为主，三是农民对麦秸的刚性需求。总体来看，果麦间作应有稳步的退出机制，原则是，结合水政改革，南疆三年以上核桃园应退出小麦种植，建园式林果不种小麦，试点开展其他果树的小麦退出试验示范。

5. 小麦供给侧结构改革重点在北疆，但难度加大

南疆地区属产销平衡区，且因海拔高，不宜发展强筋、中强筋小麦，市场需求主要是延伸性好的中弱筋小麦原料，逐步发展中筋小麦以适应社会发展需求。北疆麦区生态类型多，适宜生产各类品质小麦，但由于比较效益原因，使小麦种植越来越走向高海拔冷凉区域，降低了小麦品质，增加了小麦穗发芽风险；市场需求以中筋为主，产业需求以中强筋、中筋小麦为主要方向，供给侧改革主要方向是以小麦生产功能区划定为基础，逐步提高小麦中的中强筋、中筋原料的比例；发展小麦专用粉，延伸小麦产业链。今年的小麦收储政策加大了北疆小麦供给侧结构调整的难度。

6. 南疆种子体系封闭僵化

南疆种子体系封闭僵化，缺乏市场意识，阻碍了新品种应用和品种更换速度。如喀什地区种子体系长期以来基本维持以县种子公司为主经营渠道的供种体系，由于人为造成市场狭小，既无力开展新品种研发，也无力在县外拓展市场。形成封闭的县域市场，即使引进试验新品种成功，因无力购买知识产权或不愿购买知识产权而不应用新品种，阻碍了新品种的应用和品种更换速度。几大作物品种更新速度远低于北疆和疆外地区。

7. 小杂粮空间受到挤压

小麦的补贴政策使得小麦越种越多,降低了品质,同时挤压了小杂粮发展空间,北疆地区口粮生产畸形化。应对小杂粮实行与小麦同等补贴政策,引导绿色生产、健康消费、品牌创立,减少高海拔冷凉区小麦面积。

(二)玉米

1. 南北疆发展水平严重不平衡

北疆是全国玉米的高产区,玉米高产全国纪录均在新疆诞生,玉米生产已经实现全程机械化,劳动生产率很高。南疆四地州玉米约占全疆面积的40%[1],是南疆最重要的饲料来源,也是基本封闭的市场,但单产仅为北疆高产区的30%～40%[1]。关于南北疆玉米产量差异的原因前文已述及,此处不再赘述。

2. 对南疆科技投入严重不足,玉米产业科技支撑弱化

北疆玉米高产的主要原因是国外跨国公司的耐密高产品种和种子质量很高适合全程机械化并在北疆大面积种植,但由于新疆玉米种植区生态类型多,分为极早熟、早熟、中熟、中晚熟四个类型,对于南疆早熟、中熟玉米品种跨国公司并没有介入,自治区对此科技投入极少,与北疆相比(尤其是市场化投入)几乎有天壤之别,品种老化、种子价格低、物化投入少这些矛盾叠加使玉米生产处于恶性循环中。

3. 对玉米生产在南疆的重要性认识严重不足

玉米在南疆农业中不可或缺,是最大的饲料来源,约占饲草的50%,饲料的80%,玉米总产的高低直接影响南疆家畜和家禽产业的发展。玉米生产在南疆提升空间巨大,在现有技术水平下,单产就有100～200 kg的增加潜力,增加100 kg玉米产量,就可增加200 kg玉米秸秆。玉米对南疆的饲草料供应有着极其重要的意义。南疆小麦-玉米复播模式是最佳的光热资源利用和饲草料生产方式。

4. 北疆玉米挤压了北疆小麦种植空间

玉米喜热,在天山北坡、伊犁河谷、塔城盆地的低海拔区域大幅度

挤压小麦面积，尤其是冬小麦种植空间，使得北疆小麦供给侧改革难度大幅度增加。

5. 北疆玉米是耗能耗水易污染的产业

北疆玉米多数要烘干耗能并影响冬麦播种，地膜不易揭掉造成二次污染，同时因玉米耗水量大而不利于节水控水。

6. 玉米制种产业前景广阔

北疆地区已经发展为中国第二大玉米制种基地，仅次于甘肃，随着玉米制种全程机械化技术的应用，成为国内最大玉米制种基地是完全可能的。玉米制种产业在新疆的缺憾是新疆自主知识产权的品种少，利润空间不够大。

三、典型经验及示范意义

1. 北疆玉米产业依靠跨国公司品种和种子技术健康发展，科技支撑起一个产业

玉米是高产作物，之前新疆玉米生产劳动强度大、保苗难、收获极其费力，比较效益往往不如小麦。世纪之交，国外跨国公司玉米品种进入新疆，几年之内北疆玉米实现了精量点播(发芽率 98%)、高密度种植(6 000～8 000 株/亩)、机械收获(籽粒脱水快)，配合新疆节水滴灌，实现了全程机械化，玉米单产提高了 30%以上。北疆玉米产业发展过程中，虽然新疆只投入很少的研发经费，政府也很少关注，但该产业得到了健康发展，充分证明了科技的力量。国外跨国公司瞄准新疆具备高产条件、又不易感病的优势，把新疆作为进军中国玉米种子市场的桥头堡，新疆无意中享受了玉米高科技带来的好处，北疆玉米产业发展非常健康、稳健。

2. 小麦育种家种子基地带动小麦种子产业，推动小麦统一供种率提高

2004—2008 年，自治区为保障粮食安全，在新疆农科院的建议下，在全疆成立了四个小麦育种家种子基地。主要功能是生产小麦原

原种、原种，设立新技术展示窗口，产地培训农民和技术人员。农科院负责塔城和泽普两个基地，建立了和下游企业的合作机制，提高了企业的种子质量，企业丢弃了以前"块选种子"的做法，提高了种子质量，农民看到了实效，小麦种子统一供种率由之前的5%提高到60%以上。带动起了九圣禾、九天禾、丰源、天玉、九丰禾、润之等一大批小麦种业公司，降低了小麦品种的退化速度，推动了小麦统一供种率的提高和小麦单产的稳定。

四、三年预期发展目标

小麦：南疆四地州小麦通过退出三年以上核桃‖小麦间作、合理施肥等简约化技术措施提高小麦单产30 kg。自治区启动小麦产业技术体系，启动一批小麦重大创新工程，着手解决品种、抗病、抗穗发芽、果麦间作等技术问题。

玉米：南疆四地州玉米通过增密度、增投入等简约化技术措施提高玉米单产50 kg。北疆推广提前成熟玉米，减少玉米地膜用量。自治区启动玉米产业技术体系，启动一批玉米重大创新工程，着手解决品种、简约化栽培、小型机械化等问题。

小杂粮：推动小杂粮、薯类作物健康发展，形成企业带动、合作化生产、一二三产融合、绿色优质的规模化健康发展局面。

五、建议采取的解决问题措施及预期效果

(一)小麦

实行小麦南稳北优的区域性新疆粮食安全战略布局。南疆四地州稳定现有面积或总产区域平衡，北疆(含东疆和巴州)区域平衡并调优小麦品质(增加筋力)；实行小麦收储南北疆差异化政策：南疆实行政府引导、市场定价、多元主体收购、生产者补贴、政府敞开收购；适度

调整以小麦定水为以林果定水的水政，首先退出三年以上核桃间作小麦，试点退出其他林麦间作小麦；南疆四地州果麦间作小麦实施“退二增一”政策，即在保障口粮绝对安全的前提下，退出三年以上核桃地间作小麦，退出2亩间作小麦，增加1亩白地小麦，保证小麦总产不变；四地州是小麦高产区，在当前技术水平下，小麦在理论上尚有约100 kg/亩的增产潜力，通过加强技术措施应用和综合配套政策，提高50～100 kg单产具备可能性；北疆（含东疆、巴州）以供给侧结构调整为引领，以小麦生产功能区划定为基础，参照小麦品质区划，选好品种，调优筋力，通过增加中强筋、中筋小麦原料比例，发展小麦专用粉，延伸小麦产业链；大力加强小麦科技投入，重点研发各生态区小麦优质高产品种，研发塔城盆地、伊犁河谷小麦优质高产抗病抗穗发芽品种，研发塔城盆地、伊犁河谷冬小麦抗雪霉、雪腐病技术，研发小麦优质高产高效简约化栽培技术，藏粮于技；结合小麦功能区划分加强标准粮田建设，尤其是南疆四地州标准粮田建设，藏粮于地；大力发展馕产业，延伸小麦产业链，提高小麦附加值，使新疆小麦产业走出低效低质怪圈；对小杂粮实行与小麦同等补贴政策，引导绿色生产、健康消费、品牌创立，减少高海拔冷凉区小麦种植面积。

（二）玉米

1. 南疆加大密度加大投入提高单产

加大密度：南疆玉米密度一般为每亩3 000～4 000株，为北疆地区的50%～70%，按现行推广品种看，完全可达到每亩5 000～6 000株，单产可提高100 kg以上。加大投入：南疆复播玉米物化投入水平很低，甚至不投入，导致玉米产量偏低，很多农民认为前茬小麦施过肥了，玉米可以少施或不施肥，这也是南疆玉米单产低的重要原因。加大社会化服务体系建设：通过政府引导、市场化机制引入，在玉米生产过程中实现小型机械为主的全程机械化；南疆地区多年来基本只有以县为单位小型国有种子公司，未建立市场化技术服务体系，远不能适应当前以知识产权为核心的科技市场机制，必须引入拥有知识产权的种业公司完善市场化小麦技术服务体系。加大科技投入：目前南疆玉米的科技投入极少，与北疆相比，尤其是市场化投入方面相差较大，南疆玉米品种几乎全是新疆科研机构选育，国外跨国公司不关注南疆市场，品种老化、种子价格低致使玉米育种处于恶性循环中。加强科技培训，引导农民在“五统一”取消后的玉米生产内生动力和技术提升。

2. 北疆早收和减少地膜用量

政府政策引导选用偏早熟玉米以实现早收：北疆玉米多数要烘干，原因是农民追求高产选用偏晚熟品种，结果一是存在气候风险，二是影响冬麦播种，三是烘干玉米（尤其是水分过高的玉米）需要大量能耗或空气污染。政府政策引导北疆玉米种植中不用地膜：玉米地膜不易揭掉回收而造成污染，当前不用地膜种植玉米技术上已成熟。加强玉米科技培训，尤其是选用偏早熟品种和非地膜玉米技术培训。

(三)特色粮食作物

特色粮食作物有广阔前景，尤其在带动小型加工业、绿色有机农业品牌，人民健康等方面。特色粮食作物种植区域多与春小麦种植区重合，由于小麦补贴政策导致特色粮食作物种植面积大幅缩减，既不利于特色粮食产业发展，也滋生了高海拔区域劣质小麦的猛增。建议自治区对特色粮食作物实行与小麦同等的综合直补，但不收购，也没有交售补贴，促进特色粮食产业的发展，减少高海拔区小麦的库存压力。

六、需要政府出台、落实或改革的政策建议及可行性

1. 大幅度增加粮食作物科技投入

新疆小麦、玉米科技欠账多，问题积累多，市场化解决途径难度远大于疆外。以公益性研究为主，长期稳定地大力加强小麦、玉米科技投入对新疆口粮安全、畜牧业发展会起到事半功倍之效。建议设立新疆小麦产业技术体系、新疆玉米产业技术体系，常态化稳定支持小麦、

玉米重大科技创新工程，藏粮于技。

2. 改革南疆种子体系

目前南疆种子（小麦）行业仍处于计划经济状态，应加速转型和机制改变。打破僵化封闭垄断色彩的种子供给体系，运用市场竞争机制、优胜劣汰，吸引具有小麦种子知识产权、有实力的种子公司参与竞争，提高种子供给质量、加快品种更新，通过公司的技术服务，增强小麦产区技术水平和生产能力。

执笔人：吴新元、马建荣

参考文献：

[1]新疆维吾尔自治区统计局．新疆统计年鉴2007[M]．北京：中国统计出版社，2007.

[2]新疆维吾尔自治区统计局．新疆统计年鉴2008[M]．北京：中国统计出版社，2008.

[3]新疆维吾尔自治区统计局．新疆统计年鉴2009[M]．北京：中国统计出版社，2009.

[4]新疆维吾尔自治区统计局．新疆统计年鉴2010[M]．北京：中国统计出版社，2010.

[5]新疆维吾尔自治区统计局．新疆统计年鉴2011[M]．北京：中国统计出版社，2011.

[6]新疆维吾尔自治区统计局．新疆统计年鉴2012[M]．北京：中国统计出版社，2012.

[7]新疆维吾尔自治区统计局．新疆统计年鉴2013[M]．北京：中国统计出版社，2013.

[8]新疆维吾尔自治区统计局．新疆统计年鉴2014[M]．北京：中国统计出版社，2014.

[9]新疆维吾尔自治区统计局．新疆统计年鉴2015[M]．北京：中国统计出版社，2015.

[10]新疆维吾尔自治区统计局．新疆统计年鉴 2016[M]．北京：中国统计出版社，2016.

[11]新疆维吾尔自治区统计局．新疆统计年鉴 2017[M]．北京：中国统计出版社，2017.

[12]新疆维吾尔自治区发展和改革委员会．新疆维吾尔自治区农牧产品成本收益资料汇编(2007 年度)[M].

[13]新疆维吾尔自治区发展和改革委员会．新疆维吾尔自治区农牧产品成本收益资料汇编(2008 年度)[M]．乌鲁木齐：新疆维吾尔自治区发展和改革委员会价格监审局，2009.

[14]新疆维吾尔自治区发展和改革委员会．新疆维吾尔自治区农牧产品成本收益资料汇编(2009 年度)[M]．乌鲁木齐：新疆维吾尔自治区发展和改革委员会价格监审局，2010.

[15]新疆维吾尔自治区发展和改革委员会．新疆维吾尔自治区农牧产品成本收益资料汇编(2010 年度)[M]．乌鲁木齐：新疆维吾尔自治区发展和改革委员会价格监审局，2011.

[16]新疆维吾尔自治区发展和改革委员会．新疆维吾尔自治区农牧产品成本收益资料汇编(2011 年度)[M]．乌鲁木齐：新疆维吾尔自治区发展和改革委员会价格监审局，2012.

[17]新疆维吾尔自治区发展和改革委员会．新疆维吾尔自治区农牧产品成本收益资料汇编(2012 年度)[M]．乌鲁木齐：新疆维吾尔自治区发展和改革委员会价格监审局，2013.

[18]新疆维吾尔自治区发展和改革委员会．新疆维吾尔自治区农牧产品成本收益资料汇编(2013 年度)[M]．乌鲁木齐：新疆维吾尔自治区发展和改革委员会价格监审局，2014.

[19]新疆维吾尔自治区发展和改革委员会．新疆维吾尔自治区农牧产品成本收益资料汇编(2014 年度)[M]．乌鲁木齐：新疆维吾尔自治区发展和改革委员会价格监审局，2015.

[20]新疆维吾尔自治区发展和改革委员会．新疆维吾尔自治区农牧产品成本收益资料汇编(2015 年度)[M]．乌鲁木齐：新疆维吾尔

自治区发展和改革委员会价格监审局,2016.

[21]新疆维吾尔自治区发展和改革委员会．新疆维吾尔自治区农牧产品成本收益资料汇编(2016 年度)[M]．乌鲁木齐:新疆维吾尔自治区发展和改革委员会价格监审局,2017.

[22]新疆维吾尔自治区发展和改革委员会．新疆维吾尔自治区农牧产品成本收益资料汇编(2017 年度)[M]．乌鲁木齐:新疆维吾尔自治区发展和改革委员会价格监审局,2018.

[23]吴新元,芦静,张新忠,等．新疆小麦品质生态区划研究[J]．新疆农业科学,2017,54(8):1373-1383.

[24]中华人民共和国统计局．中国统计年鉴 2017[M]．北京:中国统计出版社,2017.

第四章　新疆棉花产业提质增效专题调研报告

一、新疆棉花产业的地位和现状

(一)新疆棉花的产业地位

棉花是关系国计民生的重要战略物资,在国家大宗农产品的供给地位仅次于粮食。棉花是新疆最重要的经济作物,近年来播种面积在3 000万亩(1亩≈666.7 m^2,下同)左右,是新疆农民收入的重要来源,全疆棉花收入占农民收入的1/3以上,在棉花主产县达到50%以上,在精河、玛纳斯、沙湾、乌苏、尉犁等棉花主产县农民收入75%以上来自棉花种植,其中精河县达到85%以上、尉犁县达到80%以上。新疆作为我国最大的原棉生产基地,自1994年以来棉花种植面积、总产、单产均位居全国首位。根据国家统计局数据:2017/18年度我国棉花总产量548.6万t[1],同比增长2.68%,其中,新疆408.2万t,同比增长13.58%,占全国总产量的74%;据中国棉花协会统计:2017/2018年度我国棉花产量604.7万t,同比增长22.47%;其中,新疆498万t,同比增长26.08%,占全国总产量的82%[2]。

近年来,新疆棉花生产总量占全球棉花总量的1/7,是全球最重要的棉花产地。2017年新疆棉花生产总量达到498万t，超过世界第三大棉花生产国美国457.9万t的全国总量，是世界优质棉产区澳大利亚棉花总量102.3万t的4.8倍。2017—2018年度，在国内市场，世界棉花现货价格运行相对平稳，其中，国内棉花在供给压力下弱势震荡，国外棉花在消费向好预期下持续高位震荡。截至2018年4月4日，在国家进口棉中，澳大利亚SM等级棉花到港价97.7美分/磅（1磅=453.59 g），按1%关税（下同），提货价为15 509元/t（人民币，下同）；美国EMOT-M标准棉花到港价91.25美分/磅，提货价为14 498元/t；巴西M等级到港价92美分/磅，提货价为14 615元/t；印度S-61-1/8标准棉到港价为86美分/磅，提货价为13 675元/t；我国棉花的市场价格要低于澳大利亚、巴西和美国，而国家收储新疆棉花的目标价格补贴2017—2019年为每吨18 600元，远远高于实际市场交易价格。

从全国棉花产业发展的布局和角度来看，新疆棉花是我国最大的优势产区和特色作物。但近年来由于品质问题，造成新疆棉花大而不强、大而不优、竞争力弱，提质增效就成为新疆棉花供给侧结构改革的必然要求，也是新疆棉花产业健康发展的必然选择。提质增效直接关系到新疆农村经济发展和棉农增收，也关系到我国棉纺工业的安全、稳定、健康和持续发展，从参与全球棉花市场竞争的角度来看，提质增效是提高新疆棉花市场竞争力的当务之急。

（二）新疆棉花生产基本情况

1988年起，新疆棉花单产超越全国；1990年平均单产已超过全国的33%，总产占全国10%，位居全国第一；1994年起，新疆棉花种植面积、总产、单产均居全国首位。20多年来，新疆棉花栽培面积的大幅度增加推动了棉花总产的大幅度增长，单产小幅增长。2014年，在国家收储政策和价格补贴的刺激下，新疆棉花种植面积达到最高峰的3 631.9万亩。近几年来，随着新疆种植结构的优化调整，全疆棉花面积保持在3 000万亩左右。据国家统计局数据：2017年新疆棉花种植面积为2 944.65万亩[1]，占全国的60.8%，总产量408.2万t，占全国总产量的74%，亩均单产皮棉138.62 kg，比黄淮海流域的75.8 kg高83%、比长江流域的62.9 kg高120%，体现出巨大的产量优势。随着新疆优质棉基地建设和植棉规模扩张，新疆商品棉地位显著提升，但棉花品质却有所下降，离国家优质商品棉基地建设目标尚有较大距离，棉花生产中普遍存在着重规模、重产量、轻品质的突出问题。从全疆棉花生产发展情况看，也存在发展不平衡、不充分的问题，主要体现在：在新技术应用、单产水平和棉花品质上兵团优于地方、北疆优于南疆，南疆棉区单产水平较低，品质不佳，未能充分发挥光、热资源和规模优势。

1. 南疆是传统植棉大区

喀什、阿克苏棉花栽培面积一直位列全疆前二位，但由于喀什、阿克苏棉花生产集约化程度低，节水灌溉、机采棉种植和高产高效栽培技术应用到位率低，虽然近年来种植面积变化幅度较大，但单产水平与21世纪初相当，植棉比较效益有所下降。在南疆棉区中巴音郭楞蒙古自治州（以下简称巴州）面积增长较快，由于新技术应用面积较大，单产水平和棉花品质好于南疆其他棉区。喀什地区是传统植棉大区，20世纪90年代栽培面积在300万亩左右，21世纪初回落到210万亩，至2010年逐步回调到300万亩左右，2014年增涨到787万亩，近两年调整到600万亩左右。喀什棉花生产以基本农户种植为主，由于种植管理较为分散，棉花种植品种多，膜下滴灌技术普及率低，机采棉应用范围小，技术落实到位率低，亩产皮棉一直在100～110 kg徘徊，棉花品质较差。阿克苏地区是我国唯一的长绒棉产区，棉花栽培面积一直稳步增长，从2002年的210万亩增加到2008年的440万亩，2014年提高到796万亩，近两年维持在700万亩以上，皮棉单产保持在110 kg左右。巴州棉花种植面积从2002年的82万亩保持稳定匀速增长，至2014年面积达到450万亩，近两年调整到300万亩左右。由于巴州（以尉犁为代表）在棉花主产中大力推广滴灌和机采棉技术，新技术应用到位率较高，因此单产增长较快，平均亩产皮棉达到

130 kg 以上，棉花品质在南疆排列第一。

2. 北疆棉区从 21 世纪起开始快速发展

近年来玛纳斯、沙湾、乌苏、精河等棉花主产县膜下滴灌面积在 95%以上，机采棉面积达 90%以上。由于棉花膜下滴灌技术的广泛应用推动了棉花种植面积的扩增，棉花高产栽培技术的普及应用促进了棉花单产水平的提高，机采棉技术的大面积应用和棉花专业合作社、土地流转等生产组织形式的变革，催生了棉花规模化生产和“六统一”生产经营管理模式，实现了生产效益的大幅度增长和棉花品质的显著提升。沙湾、乌苏、玛纳斯三县已成为全疆地方棉花品质最好的棉区，也是新疆地方原棉销售最快的产区。昌吉州棉花面积从 2002 年的 74 万亩提高到 2016 年的 120 万亩左右，单产由 110 kg 左右提高到 130 kg。以玛纳斯县为例，2016 年面积 57 万亩，机采棉和棉花滴灌面积均达 90%以上，单产 140.9 kg，棉花品质位列全疆前列。塔城地区棉花种植面积从 2002 年的 73 万亩增长 2017 年的 300 万亩以上，以沙湾、乌苏为例，2017 年种植面积达 341 万亩，机采棉面积 95%以上，单产 140 kg，棉花品质位列全疆前两位。博州从 2002 年的 38 万亩增长到 2016 年的 135 万亩，单产由 115 kg 提高到 135 kg，但品种多乱杂现象仍未根本改观，棉花品质排位在北疆偏后。

3. 棉花是兵团的支柱产业

在新疆建设兵团 178 个团场中有 110 个团场种植棉花，在主要植棉团场 50%以上的职工从事棉花生产，棉花成为团场和职工收入的重要来源。兵团的棉花生产组织管理形式有利于实现集约化生产，生产管理和技术应用到位率高，保持了较高生产水平。2017 年兵团植棉面积 994 万亩，亩均皮棉单产 160.9 kg[3]，显著高于地方。机采棉面积达到 800 万亩，且由于统一品种、统一收储、统一加工，棉纤维整齐度高，品质普遍优于地方。

(三)国家政策对新疆棉花产业的推动

自“九五”以来，国家发展和改革委员会加强了对新疆优质棉基地建设投入，改善了新疆植棉生产设施和条件；国家科技部也实时启动支持新疆棉花科技创新工作，为新疆棉花生产新技术应用提供了支撑；为巩固和提高新疆商品棉地位，国家又相继出台了一系列优惠政策，除棉花良种补贴、农机补贴外，2007 年度出台了每吨 400 元运费补贴政策；2011 年起，国家连续 3 年实施了棉花临时收储政策，极大促进了棉农种植积极性；2014 年，国家在新疆启动为期 3 年的棉花目标价格改革试点，政策性扶持本地棉纱产业发展和扶持内地纺织产业向新疆转移，并出台了贷款贴息、出疆运费补贴等优惠政策；2017 年起继续深化棉花目标价格改革，采用 3 年一定的办法确定 2017—2019 年新疆棉花目标价格补贴水平为每吨 18 600 元，进一步稳定新疆棉花产业发展。随后，自治区又出台《2017—2018 年度自治区棉花目标价格改革工作要点》，利用保险、期货等金融工具开展“收入保险期货”试点，并已在莎车、巴楚等产棉县市展开。同时，国务院《关于建立粮食生产功能区和重要农产品生产保护区的指导意见》明确提出了棉花生产格局以新疆为主。这些政策的实施稳定和促进了新疆棉花产业的发展，阶段性地解决了新疆棉花产业发展面临的问题，使新疆棉花产业地位和优势更加凸显。

二、现阶段新疆棉花产业发展存在的突出问题

（一）宏观层面

一是对新疆棉花产业战略地位认识还不够到位。近几年，随着国家农业布局和结构调整，全国棉花生产布局发生了重大转变，我国棉花生产已从长江流域、黄河流域、西北内陆棉区“三足鼎立”演变为新疆“一家独大”，新疆植棉面积占全国总面积的 60％以上，总产占 80％以上，成为全国棉花生产最主要的区域，这就意味着新疆的棉花生产不仅仅是新疆农业自身发展的问题，而是肩负着为国家棉花纺织工业发展承担更多责任、做出更大贡献的重任，新疆棉花产业发展的状况

将直接影响到我国纺织业的生存与发展。同时，新疆棉花资源总量占全球的 1/7，是世界最大的产棉地，在国际、国内都具有举足轻重的影响力，随着全球纺织业布局和国际棉花供给形势的变化，保障新疆棉花健康稳定发展就是保证中国棉花产业和纺织业的稳定安全，巩固新疆棉花在全国的优势地位和增强国际竞争力，才能在国际棉花市场占据有利地位，才能在有可能出现的国际贸易争端中起到稳定和保障我国棉花安全的关键作用。因此，应该汲取我国大豆产业发展中的经验教训，进一步提高和巩固新疆棉花的战略地位。

从新疆自身发展需求来看，棉花产业发展直接影响到新疆农村、特别是南疆地区农业发展和农民收入，目前在南疆四地州有 70%农户长期植棉，农民超过 30%的收入来自棉花。进一步提高新疆棉花生产水平、效益、质量，是近期提高农民收入、助力农民脱贫攻坚的重要工作，也是维护新疆社会稳定与长治久安的重要环节。

二是在棉花产业方向上认识还不够明确。随着纺织业技术进步和市场对棉纺产品品质档次需求的提高，棉纺企业对棉纤维原料的长度、细度、成熟度、整齐度的要求也愈发提高，对高品质原棉的需求日益旺盛。近年来新疆棉花生产仍以片面追求规模的扩张和单产的提高为主，轻视棉花纤维品质生产，造成棉纤维一致性差、纤维细度变粗、长度变短、强度下降、马克隆值增大，可纺性差。一方面造成新疆大量原棉进入国家储备库，形成高库存；另一方面市场上又缺乏高品质棉纱和棉纺织品原料的生产供给，用棉企业不得不优先选用进口棉。新疆棉花因品质、三丝等问题，报价与美棉、澳洲棉价格相差 1 500～2 000 元，最高时接近 3 000 元，在纺织原料市场，美棉、澳洲棉成为优质棉的代名词，而新疆棉成为劣质棉的代名词，虽然澳洲棉价格最高，但仍供不应求。

新疆棉花生产除少量种植长绒棉外，以种植细绒棉为主，在细绒棉类型上又大多集中在长度 28 mm 左右的棉花，棉花长度既不能满足纺高支纱的需要，又不能满足多品种类型的市场需求。从目前我国进口棉的品种来看，涵盖了粗绒棉、细绒棉和长绒棉多种类型，纤维长度覆盖 23～38 mm，马克隆值高的可达到 7.0，纺织企业可选性强。企业生产 60 支以上的棉纱需要 31 mm 以上长度的棉纤维，用长绒棉生产则会大幅增加成本，为此纺织企业只好选用长度 1～7/32 的澳棉或 MCU5 印度棉，为了降低成本，生产高档气流纺棉纱又不得不用长度 23～26 mm 的进口棉，例如印度的 V797。

2017 年，新疆棉花总产量达 498 万 t，大多数棉花的长度在 29 mm 以下、马克隆值在 4.8～5.3，断裂比强度在 28 cN/tex 以下，有的甚至达 24 cN/tex，不能满足我国纺织企业生产高档纺织品和多类型纺织品的需要。新疆棉花产、供、销不对接现象较为普遍，主要是因为棉花生产者、轧花厂、纺织企业等各自为政，产业链条松散，棉农为增加收入只追求产量，企业为追求自身利益最大化不能优质优价，原棉收储和轧花厂混收、混堆、混轧进一步降低了原棉品质，未能形成集棉花生产、加工、纺织、科研为一体的产业链和价值链。

三是在产业政策上还有待完善。2017 年中央一号文件指出："加快粮食等重要农产品价格形成机制和收储制度改革，调整完善新疆棉花目标价格政策，改进补贴方式；完善农业补贴制度，……"在这一政策背景下，逐步完善棉花目标价格制度，在现行目标价格与种植面积和产量挂钩的基础上，研究探索目标价格与品质挂钩的补贴政策。同时，我国应借鉴美国棉农享受政府生产性补贴、销售性补贴、贸易补贴、限制性补贴等提高竞争力的经验，维持其产业链条的完整与可持续，保证棉花产业上中下游和谐发展。

（二）棉花基本生产能力方面

全疆不同区域棉花生产发展不平衡、不充分，既体现在兵团和地方的不平衡，也体现在南北疆的不平衡，还体现在产量、质量、效益方面的不平衡，更表现在低产棉区的生产发展不充分。兵团棉花生产水平整体较高，生产单位具有一定的规模优势；北疆棉区在土地规模化经营、机械化技术水平、棉花生产技术应用等方面较南疆棉区优势明显。要快速提高南疆棉区棉花产业发展，首先要加大地方高标准农田建设，解决耕地质量下降、土地盐碱化加重、土壤生产能力降低、土地碎片化机械化作业难度大等问题，提高土地生产能力；其次要加大南疆农田水利设施建设和高标准节水农田建设，解决农田长期处于不充分灌溉的状态；其三是加强机械采收、采后收储、清花等加工环节配套设施建设。从基本生产能力上为棉花生产提供保障。

（三）棉花生产组织形式方面

目前新疆棉花生产组织形式主要有四类：第一是兵团模式。兵团棉花生产组织形式是以职工家庭生产承包管理为基础、团场生产经营为主的统分结合的双层经营体制。棉花生产是“兵团—农业师—团场—连队—职工”的隶属与生产管理关系，由兵团统一制订年度计划，各师分配相应任务指标，团场与连队签订经营合同，形成多重承包链条。兵团模式在一定时期内有先进性，也促进了团场棉花生产发展，但随着市场化发展，兵团模式也存在个人积极性减弱和形式创新较为单一的问题。第二是地方农民合作组织形式。尤其在北疆，以农民专业合作社为主要组织形式的新型农业经营主体迅速发展，其生产组织形式又分为：①农民以土地入股，扣除经营成本和提取公积金和公益金之后，给所有入股的农民分红的股份制合作社；②以收取租金形式的托管型合作社、单纯提高农田管理服务的服务型合作社；③以企业为龙头，包含土地合作和农机合作的社企联盟。这些合作社需要具备较强的服务能力，有专业的业务运营团队，总体来看，目前尚处在探索和逐步发展壮大的过程。第三是棉花种植大户模式。通常通过土地租赁、开发、流转以及散户联合的形式，形成一个较大的经营主体，由某个人组织进行生产管理，一般具有一定的管理能力和经验，容易接受新技术，但也存在抗风险能力低，规模化有限的问题。第四是传统散户模式。一般土地规模较小，生产水平较低，依靠一家一户组织生产，棉花单产低、品质差、效率低，目前在南疆占有较高的比例。从发展高品质棉花生产的角度，应积极推动、完善、提高第二和第三种形态的生产组织形式，改变第四种生产组织形式。

(四)棉花技术方面存在的突出问题

1. 品种多、乱、杂问题严重

大部分棉花主产县市棉花种植品种多乱杂,甚至多品种混种。自治区棉花专家抽查组曾对全疆14个主要种棉县市进行实地调查,发现全疆共有棉花品种500多个,种植面积上万亩的品种就达到40余个,由于种植品种多,无法形成主栽和主导品种,品种的多杂和混乱,造成棉花品质上的一致性差,严重影响了棉花的商品质量。

2. 纤维类型单一

全疆缺乏品种品质区域化布局研究,在纤维类型上,进口棉的品种涵盖了粗绒棉、细绒棉和长绒棉,纤维长度覆盖23～38 mm,马克隆值高的可达到7.0,可选性强。而新疆棉花长度大多集中在28 mm左右,长度变短、细度变粗、强度下降、马克隆值增大,可纺性差,生产高品质棉纱和棉纺织品原料严重短缺,不能满足我国纺织企业生产多类型纺织品的需要。

3. 忽视内在品质

在新疆棉花生产中选择高产品种多,选择高品质品种少。棉农在选择棉花品种时往往追求高产量、高衣分、抗病虫、色泽好为主,并不注重棉花内在品质,影响了棉花的商品质量。

4. 在生产技术上忽视品质提升

在棉花栽培管理中,为迎合棉农需求,过往的研究工作大多集中在如何提高产量上,忽略品质提升技术研究;在生产管理上缺乏棉花生育期、产量、纤维、吐絮等性状相互协调的技术研究与应用,对品质性状以及机采适应性关注较少。根据近年生产实践可以看出:随着规模化生产、膜下滴灌、全程机械化、机采棉技术的集成应用,能够显著提升棉花产量和品质。在20世纪末南疆喀什地区棉花单产高于北疆棉区,目前由于分散种植,膜下滴灌、全程机械化等相关技术措施未能有效实施,单产和品质都已远落后于北疆棉区。

5."三丝"问题

新疆原棉"三丝"主要产生在田间采摘环节,约占整个环节的50%,其次家庭储存环节占40%,其他环节10%左右。在棉花采摘期雇工采收只按重量付工资,采收过程管理粗放,采后堆放随意,造成棉花含杂多、"三丝"多。

6. 棉花加工、清花生产能力低

加工、清花等后续环节,是棉花加工品质的重要组成部分。在籽棉预处理时,要控制好回潮率,对收购的合格籽棉及时堆垛保管好,注意避免籽棉与排杂网摩擦过多损伤纤维长度、增加索丝;棉花清理过程中应减少籽棉过干进入轧花机,降低棉纤维的韧性,损伤棉纤维的长度。而一些企业加工过程中未正确处理好产量和质量的关系,轧花速度控制不当、排杂不彻底或不排,导致棉花长度严重损伤、短纤维含量增加,同时含杂较高,棉结、索丝较多,加上一些工艺和技术不完善,生产中,即使内在品质不差的棉花,由于加工清花等后续配套技术的不足,造成加工质量降低,皮棉整体一致性较差。

7. 农业生态环境恶化

目前生产中,普遍存在化肥用量过大,尤其是棉花生育的某些阶段追肥量过大,而有些阶段追肥量过小,大量元素之间以及大量元素与中微量元素搭配不合理,有机肥用量过低,水肥一体化技术普及率不高,农药使用时间不当,生物综合防治不到位,残膜回收率低、回收技术不完备等,都造成农业生态环境逐步恶化。

(五)棉花生产技术创新与研发能力方面

产、学、研脱节,在棉花技术服务体系中,关键生产技术得不到很好的推广和应用,科技创新体系不完善,农业科技成果转化滞后,缺少多层次、多渠道的科技研发与投入来保障棉花产业技术发展。

三、棉花提质增效的典型经验

在推动现代农业产业技术体系发展中，沙湾县具有农牧业现代化基础好、农业现代化程度高、农牧民科技文化素质好等特点，尤其是棉花产业整体水平处在全疆前列，对新疆发展高质量、高效率、高科技、高保护现代化农业的总体目标具有典型经验和参考价值。

1. 棉花产业发展思路明确

沙湾县棉花产业定位准确，提出了"以生产中高档原棉为目标，以原棉生产各环节质量上水平为突破口，以中高档棉产品消费用棉为指向，再造新疆优质棉花品牌，全面提升棉花效益和竞争力，巩固国家优质商品棉基地县地位，促进沙湾县棉花产业迈入中高端水平。"的棉花供给侧结构性改革总体思路和目标定位，在稳定面积基础上，发挥资源优势，提高劳动生产率，实现了产量、质量、效益三提升，增强了市场竞争力，并有望实现棉花品质赶超美国棉、澳洲棉。

2. 采取的配套措施有力

一是通过土地流转，助力农业规模化经营。沙湾县在稳定土地承包关系的前提下，按照"依法、自愿、有偿"的原则，引导农民开展土地承包经营权流转，鼓励农民按照规划，把土地向农民合作社、优势产业集中，促进农业规模化经营。同时，为让流转土地的农民更多分享土地经营收益，发展了土地股份合作社，让农民与合作社建立更加紧密的利益联结机制，入社土地由合作社按照"统一整地、统一品种、统一播种、统一管理、统一收获、统一销售"的"六统一"方式进行经营管理，农民作为股东，按股分红，风险共担，利益共享。二是以合作社为主体的现代农业新型生产经营组织加快了棉花全产业链发展。沙湾县农业合作社土地规模化经营对降低成本、科学化管理、提高棉花品质、增加棉农收入、对接市场具有极大的作用。通过农业合作社对接上下游产业，而形成的"制种企业＋土地合作社＋农机合作社＋棉花加工厂＋纺织企业"的模式，进一步加快了社企融合，促成社企联盟。

社企联盟利用单品、单种、单采、单储、单加工的方式，生产出符合纺织企业要求的优质皮棉，通过定品种植、定量生产、定向销售，打造“利益共享、风险共担”的利益共同体，进一步密切农业生产与市场的联系，将与链条相关的如植保、农资、信息、物流、金融（含网络金融）、智慧农业、期货等服务企业都融合进来，形成健康的、具有活力的、协调的、开放的、共享的发展链条和产业生态，打通产业链条，建立全产业链、价值链，推进一、二、三产融合发展，促进棉花产业整体转型升级。三是依靠现代化农业技术促棉花质量提升。围绕棉花质量提升，沙湾县在开展“六统一”标准化管理过程中，优选优质高产机采棉品种，确保棉花品种质量；大力实施现代化精准农业生产，推广机采模式，采用棉花机械精量播种、覆膜滴灌、化肥配方施用、植保绿色防控、机械化喷药、整枝塑型等先进技术，大幅提高了生产过程中机械化和管理水平；采收环节全部机械化，实行单品专机单采的标准化采收模式，制定、完善棉花全程机械化生产技术规程，并推广先进的CP690第六代采棉机，减少杂质与“三丝”，提升棉花品质，以质定价的市场价格形成机制初步显现。到2016年，沙湾县棉花机械采收率达到95%以上，机械化水平达到96.3%，通过机械化和现代化技术手段，极大地促进了沙湾县棉花质量的提升。

3. 取得的成效

经过两年的实践，沙湾县棉花产业联动初见成效。根据纺织企业需求，筛选优质品种，发展“一乡一品”和“一社一品”，逐渐改变了品种“多、乱、杂”现状，主推了新陆早61号、新陆早64号、新陆早57号等。2017年，推荐品种种植面积达136万亩，占实际种植的78%，纤维一致性增加，品质得到提升；机采比例达95%以上，制定了机采棉化控、采收等各环节农机作业标准，强化了农机作业培训和农机合作社农机作业监管，实现了棉花机采后不落地，避免二次污染，杜绝了“三丝”和杂质异物，棉花机采质量明显提升；鼓励引导棉花收购加工企业对轧花厂设备进行系统技改，轧花生产增加烘干、四道清花、加湿等环节设备，并严格按照单品、单种、单采、单堆放、单加工、单运输、单销售进行生产,加工棉花100%达到了"双29"以上的标准,棉花整齐度增加,含杂率降低,加工皮棉品质显著提升。各项措施的联动使产业链各环节的结合更加紧密,以质定价的市场价格形成机制初步显现。

四、新疆棉花提质增效的总体思路和战略选择

(一)总体思路

实现棉花产业提质增效是贯彻落实党的十九大精神和践行习近平总书记"三农"思想的具体实践。"三农"问题是关系国计民生的根本性问题,新疆棉花生产要实现提质增效,必须厘清思路、明确方向、找准定位、完善政策、落实技术。推广沙湾棉花专业合作社生产组织和经营管理模式;按照科学规划、合理布局、优化结构、提升品质的原则,以质量提升为引导,研究区域化布局,加强生产基地建设、加强科技创新、加强技术应用,做好区域规划,在生产中形成棉纤维粗、细、长品种合理布局;开展多类型品种选育,以细绒为主,在细绒棉中选择符合"双30"品种,在长绒棉中选择"超长35、强47"品种,在短绒棉中选择粗短、单产高的品种,提高遗传品质;在生产过程中加强栽培技术研究,注重先进生产技术的配套应用,科学合理地施用化肥农药,提升生产品质;在原棉加工过程中改进设备,优化工艺,减少加工过程中的品质损耗,提升加工品质。整体上形成全产业链品质控制,完善棉花生产全产业链,推进棉花产业健康、绿色、持续发展。

(二)总体目标

大力发展高品质、高效益棉花生产,切实落实现有棉花生产技术标准(规程),逐步实现新疆棉花质量和效益双增长,主体棉花产品(细绒棉)实现"双30"目标,棉纤维"三丝"控制在国家标准以下。

1. 进一步提高产量

通过加大技术应用范围和程度,提高南疆地区棉花生产水平,挖

掘产量潜力，使南疆棉花单产水平得到大幅度提高；优化种植技术，提高机械化水平，加强农机农艺融合，减少机采损失，通过规模化、标准化生产，进一步挖掘北疆棉花生产潜力。

2. 大力提升质量

完善机采棉生产体系，选育和推广应用符合机采要求的优质品种，配套农机农艺生产管理技术，加强采后收储、清花等加工环节条件建设。

3. 降低成本、提高效益

加快土地规模化和生产规范化，强化技术应用，实现标准化和精简化生产，减少不必要的化肥、农药投入，提高机械化水平和生产管理技术水平，减少人工投入，降低投入成本，切实落实节本增效措施，实现新疆棉花质量和效益双增长。

4. 促进棉花产业体系持续健康发展

优化资源配置，通过土地集约化、投入科学化、产后加工工艺优化等，对接上下游产业，加快全产业链融合进程，保障棉花产业持续、健康、稳固发展。

（三）技术途径

1. 优化新疆棉花区域布局，形成多类型品种结构

目前，新疆棉花种植区域划分不清晰，要进行多类型棉纤维生产布局，根据气候、市场情况，形成长绒棉、中长绒棉、细绒棉、短绒棉合理分布的区域化布局，打造不同用途棉花生产基地；筛选区域适应性强的优质品种作为主推品种，实现“一县一种”或区域棉花统一品种集中生产，提高棉花纤维一致性。

2. 提高棉花内在品质

注重遗传品质改良，加强优质新品种选育，通过大力推广应用高品质棉花新品种，全面提升棉花内在品质。

3. 提高棉花生产品质

加强品质栽培技术研究及示范应用，与现有推广应用的精量播

种、化控塑型、膜下滴灌、精量施肥、机械采收等高产栽培技术相融合，在进一步挖掘单产潜力、提高资源利用率的基础上，降低生产成本，提升生产品质。

4. 提升加工品质

强化品质意识，通过改进采收机械，规范收储运环节，优化和改良加工、清花、轧花等工艺，提升加工品质，创造优质品牌。

5. 减少棉花“三丝”

大力推广先进机采棉生产技术，落实棉花机械采收技术要求，严格按照作业标准进行采花作业；强化质量意识，人工采收做到“三白”，降低棉花“三丝”混入概率，提高棉花商品品质。

6. 提升绿色品质

进一步强化水肥一体化技术应用，加大高效肥药应用，推广生物综合防治，加大休耕或者轮作，加快降解地膜或者无膜栽培技术研发，突破棉花残膜回收技术，形成农机农艺高度融合的种植模式，降低污染，改良地力，加强农区生态环境保护，走绿色健康的农业发展道路。

7. 贯通产业链、加强科技创新与服务

加快培育新型农业经营主体，强化商品意识和市场观念，形成集棉花生产、加工、纺织、科研为一体的产业链，推进一、二、三产业融合发展，促进棉花产业整体转型升级。加大技术创新和技术服务人才培养力度，搭建创新团队和重点研发实验室，推进技术服务市场化，鼓励创办收费型服务企业和团体，建立农业服务企业和服务队伍。

五、大力推进新疆棉花提质增效的重大保障措施与建议

(一)在棉花基础生产能力方面

1. 加大全疆高标准农田建设

基本农田建设水平是提高棉花生产和管理水平的基础。目前新

疆中低产田约占 2/3，耕地水土流失、次生盐渍化、土壤沙化等问题严重；一户多田块、耕地碎片化问题十分突出；耕地缺乏整体规划，田坎、沟渠、田间道路等占地面积比例偏高；田间道路不配套，难以满足大型专业化农业机械作业的需要，难以形成规模化集约化生产。因此需要加大农田基本能力建设力度，建设土地平整、集中连片、设施完善、农电配套、土壤肥沃、生态良好、抗灾能力强，与现代农业生产和经营方式相适应的高标准农田，提高节水灌溉、水肥协同管理、防病防灾、全程机械化生产、机械采收等棉花生产综合技术的落实水平，保障新疆棉花优质高产高效生产。

2. 加强南疆棉区高标准节水灌溉农田建设

目前南疆棉区农田灌排基础设施仍较落后，多数已建工程建设标准低、配套不完善、工程设施老化。在现有水利设施条件下，节水灌溉所要求的水资源合理配置、适时调度、高效利用难以实现，现有棉田长期处于不充分灌溉的状态，特别是严重干旱时供水不足，易导致大面积受灾。同时，农田输配电设施建设滞后，农田灌溉排涝成本高、效率低。棉田膜下滴灌节水灌溉技术经过近 10 年的研究示范，在水肥协同管理、病虫害防治、生育进程控制、机械采收技术配套已有较完善的经验，目前南疆棉区滴灌技术实施较北疆有较大差距，仅在巴州实施面积较大，2016 年南疆棉区生产面积占地 70%以上，加大南疆棉区滴灌田建设，对提高全疆棉花整体水平具有重大意义。

3. 加大全疆机采棉收获、运输、清花等配套设施条件建设

从目前新疆棉花生产实践中可以清楚地看出，机械化采棉是新疆发展高品质棉花的重要技术手段和途径。但全疆机械化采棉发展不平衡，总体来看，兵团发展优于地方，北疆发展快于南疆。地方机械化采棉发展不充分，表现在机械化采收机械力量较强，采后收储、清花等加工环节条件建设滞后，生产环节不配套，严重影响了原棉加工品质，降低了棉花品质等级。

(二)在棉花技术创新能力建设方面

1. 加快组建新疆棉花科技创新体系

以加大棉花科技创新为目标,深化农业研究机构体制机制改革,集成全疆优势科研单位,集合棉花不同学科专业的创新人才,组建新疆棉花科技创新体系,形成以学科带头人+专业技术创新骨干为主体的创新团队。增加农业科技投入,重点加强棉花创新重点实验室和试验基地建设,形成持续稳定的科研经费投入制度,为新疆棉花产业健康持续发展提供有力的科技支撑。

2. 加快启动新疆现代棉花产业技术支撑体系建设

以加强棉花技术成果转化和生产服务为目标,参照国家农业农村部现代农业产业技术体系的建设经验,集成全疆棉花专业人才,组建新疆现代棉花产业技术体系,形成以首席科学家+岗位科学家+试验站专家为主体的技术转化与生产服务团队。形成持续稳定的科研经费投入制度,为新疆棉花产业健康持续发展提供服务。

3. 组织实施新疆棉花提质增效重大科技行动

依托新疆现有棉花科技创新团队和技术力量,加强对新疆各棉花产地和生产环节的调查研究,对在生产一线中发现并提出的影响新疆棉花品质的重大技术问题,组织实施新疆棉花提质增效重大科技行动,从品质育种、栽培保质提质、加工保质提质等环节入手,着力解决新疆原棉品质不高的问题。

4. 稳定县乡农业基层技术服务体系

从目前新疆地方、特别是南疆主要植棉县乡来看,基层技术服务处于“缺编、缺人、缺岗位、缺激励”的状态,建议各地方要研究解决基层服务能力弱的问题,切实提出和落实棉花产生技术服务“最后一公里”的政策措施。

(三)在棉花生产组织形式创新方面

1. 加大农民土地流转力度

鼓励农户将土地入股(或流转)到合作社,引导新疆棉花规模化种植,强化商品意识和市场观念,提高土地规模化、集约化、规范化程度,提高棉花生产经营管理水平,提高土地和劳动生产率。

2. 加快推进棉花生产合作组织建设

加强新型农业经营主体培育,大力培育以利益共享、风险共担、合作共赢的农业经营主体。扶持土地股份合作社、农机合作社、原棉加工合作社等多种形式的棉花生产合作社,并以此为基础推进合作联社建设,培育新型规模化经营主体,实现棉花规模化、集约化、组织化、规范化、标准化生产,提升新疆棉花市场竞争力。

3. 加强棉花生产一、二、三产业链接

2017 年起国家取消了棉花加工企业资格审批,该项政策旨在推进棉花供需对接。新疆应利用这一政策,积极加强与国内大中型纺织企业对接,发展棉花订单生产,鼓励"一区一品、多区一品"棉花种植,确保纺织工业"第一车间"能够严格按照企业需求实行标准化批量生产,形成"棉纺企业＋原棉加工企业＋区域性生产基地＋棉花生产合作社＋农户"的完整产业链。

执笔人:杜伟、何红、娄善伟、马兴旺、姚举

参考文献:

[1]国家统计局．国家统计局关于 2017 年棉花产量的公告[EB/OL]. 2017-12-18.

http://www.stats.gov.cn/tjsj/zxfb/201712/t20171218-1564142.html.

[2]高芳．全国棉花形势分析及展望[EB/OL]. 2018-03-28.

http://www.china-cotton.org//app/html.

[3]尤小春．保障新疆棉花产业健康发展意义重大[EB/OL]. 2018-03-29.

http：// www. china-cotton. org//app/html.

第五章　新疆畜牧业提质增效专题调研报告

一、发展水平及现状评估

（一）新疆总体水平及未来趋势

1. 畜牧业是新疆最具特色的传统基础产业之一

畜牧业上连种植业、下撑加工业和餐饮业，是新疆农村经济的重要组成部分和农业的中轴。同时，畜牧业也是广大农牧民特别是少数民族牧民赖以生存的主要依靠和经济来源，是农业农村经济发展和农牧民增收的支柱产业，为新疆经济社会发展和农牧区繁荣稳定发挥了重要作用。

2. 畜禽数量、产量持续增加

2017 年新疆畜牧业总产值 686.95 亿元，较 2012 年增长 41.55%。新疆牲畜存栏 4 946.45 万头（只），出栏 4 360.64 万头（只），分别较 2012 年增长 15.7%、19.4%。新疆猪、牛、羊、禽肉产量、牛奶产量、禽蛋产量分别为 153.73、160.36、37.37 万 t，分别较 2012 年增长 19.9%、21.3%和 44.3%[1]。新疆共有 90 余个自治区级种畜场，形成年生产种公畜 6.5 万头（只）、牛冻精 250 万剂的供种能力[2]。

3. 畜牧业规模化、产业化稳步推进

新疆备案规模化养殖场达到5 000多个，其中国家级和自治区级标准化养殖示范场分别达到127个和233个，奶牛、肉牛肉羊、猪禽规模养殖比例分别达到27%、35%和80%[2]。新疆拥有有效期内无公害畜产品产地170个，国家级和自治区级涉牧龙头企业达88家，13个畜产品获得国家地理标志保护登记，90个畜产品通过农业农村部无公害畜产品认证，37个畜产品获新疆著名商标[2]。

4. 主导产业优势区域初步形成

伊犁河谷、塔额盆地、额尔齐斯河流域草原牧区新疆褐牛存栏达到60万头以上，天山北坡经济带荷斯坦奶牛存栏突破60万头，南疆铁路沿线西门塔尔牛存栏近50万头；北疆牧区哈萨克羊、阿勒泰羊、巴什拜羊存栏达到900余万只，南疆多浪羊、和田羊存栏近500万只，细毛羊重点县及种羊场中国美利奴羊存栏近200万只；伊犁河谷马存栏近40万匹，伊犁马已成为国产运动马第一品牌，并成功担当中国温血马和国家仪仗马育种任务之一；天山南北坡及北疆粮食生产大县已形成400多万头配套杂交商品猪生产能力[3]。

5. 草原保护和饲草料供给建设取得新进展

随着草原生态保护补奖政策实施，草原植被得以恢复。据统计，2017年，新疆草原综合植被盖度为41.48%、植被高度为27.9 cm，近5年增加了1.71个百分点和2.42 cm。据《2017年新疆草原资源与生态监测报告》统计分析，新疆天然草原理论载畜量为2 743.54万羊单位，天然草原鲜草产量10 694.35万t，比“十二五”期间鲜草年均产量9 290.04万t有所增加。天然草原高峰期羊单位均需草地面积由2010年的2.46 hm^2下降到1.76 hm^2，超载率由2010年的33%下降到8.7%（暖季利用的夏牧场基本不超载，主要为春秋牧场超载利用）。27项定居兴牧骨干水源工程实现新增人工饲草料地98.8万亩（1亩≈666.7 m^2，下同），改善灌溉面积160.9万亩。新疆人工种草面积近1 300万亩（苜蓿留床面积500余万亩）。饲料年产量达200万t。

6. 动物疫病防控和畜产品质量安全监管能力稳步提升

"十一五"至今，建设区、地、县、乡、村五级动物防疫体系项目总数近 2 000 个，面积近 30 万 m^2，配置仪器设备 2.5 万余台(套)，组建了1.2 万余人专职动物防疫队伍(含村级动物防疫员和在编兽医技术人员)，基本形成横向到边、纵向到底的区、地、县、乡、村五级动物防疫网络。新疆重大动物疫病免疫密度和免疫质量常年保持较高水平。新疆共有 2 384 人通过国家执业兽医资格考试，取得助理以上执业兽医资格 1 870 人。

(二)与全国或者典型省区比较

1. 畜牧业产值及主要畜产品增长

2012—2016 年，新疆畜牧业产值增长幅度 34.6%，高于全国平均水平16.6%及内蒙古和西北省区；肉、奶、禽蛋等主要畜产品产量增长幅度分别为 20%、18.1%和 39.4%，明显高于全国平均水平 1.8%、−3.8%和8.1%，也高于内蒙古的 5.3%、−19.3%和 6.4%。

2. 主要畜产品人均占有量及总产量

肉类、奶类人均占有量分别为全国平均水平的 1.1 倍、2.5 倍，禽蛋人均占有量与全国平均水平差距逐步缩小。但肉、奶、蛋总产量(2016 年分别为 161 t、156.1 t 和 36.1 t)均低于畜牧业发达省区内蒙古的(分别为 258.9 t、743.1 t 和 58 t)，且人均占有量(肉、奶、蛋分别为 67.7 kg、65.6 kg 和 15.2 kg)也显著低于内蒙古的 102.9 kg、291.8 kg 和 23.1 kg。

3. 规模化养殖及产品深加工

新疆畜禽综合规模养殖比例接近 40%，低于全国 54%的规模比例。牛、羊肉等主导畜产品的精深加工率不足 10%。

二、需要破解的突出问题及原因分析

当前新疆畜牧业发展正处于转型升级、提质增效的关键阶段，畜牧业发展还面临一些短期内难以解决的问题，主要表现在畜禽主导品种优势地位不突出，供种能力不足、传统养殖方式致使畜牧业总体生产水平不高、饲草料供给存在区域性不平衡、畜牧产业化发展相对滞缓，龙头企业辐射带动能力不强和动物疫病防控形势依然严峻等方面。

(一)畜禽主导品种优势地位不突出，优良种畜供种能力不足

地、县、乡在产区打造定位上各自为政。畜禽品种区域布局执行不严，造成特定区域产业“小而全”、主导品种“多乱杂”的局面，从而造成畜禽良种繁育体系不健全，优良种畜供种能力不足。以牛、羊为例，区内主推的荷斯坦奶牛、新疆褐牛、西门塔尔牛总存栏180万头，仅占全区牛存栏44%；优良地方品种哈萨克羊、阿勒泰羊、巴什拜羊、多浪羊、和田羊总存栏1 400万只，仅占全区羊存栏的35%；其次，地方品种、引进品种选育目标不明确，育种工作缺乏科学性和规范性，品种选育与改良方向不持续，种畜生产性能提高缓慢；再次，技术服务体系不健全，大畜人工授精有下降趋势，小畜人工授精配种站缺乏，依靠自然交配的种公畜利用方法加大了种畜需求量，也增加了养殖户购买种畜负担。

(二)传统养殖方式仍占主导地位，总体生产水平不高，以牛、羊养殖最为突出

1. 南疆规模养殖场数量少，规模养殖比例低

以家庭养殖为模式的多数农户并未将养殖业作为增加家庭收入的产业，养殖的牛羊自销或直接出栏上市，“杂交与纯繁”“繁育与育肥”有效结合的技术模式和生产组织方式尚未建立。

2. 北疆牧区传统畜牧业生产方式未能有效转变

四季游牧转场牲畜还占有相当比重。而农区也以春夏秋三季放(代)牧、冬季农区舍饲的生产方式为主体，过度依赖天然草场。牧区繁育、农区育肥的有效生产组织及技术体系尚未成形。

3. 传统养殖方式不利于畜牧业实用成熟技术推广与运用

新疆牛羊饲养管理粗放，繁殖成活率、牛、羊育肥出栏比例、牛、羊出栏胴体重、奶牛单产水平、生猪产仔成活数、蛋禽产蛋水平等技术效益指标均低于内地发达省区，影响和制约了新疆畜牧业养殖效益水平的提高。

（三）饲草料供给存在区域性、结构性不平衡，南疆缺草与秸秆有效利用不足的问题并存

以《2017 新疆统计年鉴》中 2016 年末牲畜存栏量为依据，综合测算农业秸秆产量、利用率，并考虑天然草原的放牧载畜量，全区总量平衡，但存在区域性、结构性供给不平衡。

1. 南疆四地州饲草料缺口较大

缺口 600 万 t 左右。由于水资源的不足以及种植业、林果业对耕地的需求，饲草料种植面积和自给能力前景堪忧。而随着国家、自治区可能调减以果粮间作方式种植的小麦面积，则饲草料缺口还将进一步扩大。

2. 南疆地区农副产品供给结构性不平衡，有效利用率低

一方面小规模家庭养殖方式农副产品自产自销、较为丰富，而“长草短（粉）喂”及加工技术普及率低，浪费大。另一方面规模化养殖合作社、企业等虽有加工利用能力，但农副产品原料不足，多从外地购入，购入价格高成本增加。

3. 北疆饲草料资源丰富，优质饲草本地利用较少

趋于短期利益，优质饲草料多外销（主要为苜蓿），本地冬季舍饲也主要以秸秆等为主。

4. 草原生态保护补奖政策的实施，农区饲草料资源紧缺

政策实施后，全区核减的 870 万羊单位牲畜由牧区向农区转移发展草牧业，受到牧民种植水平、土壤肥力差、水资源灌溉利用率低，草料种植比例低、产量低、效益差、牧草利用率不高、饲草交易流通体系建设薄弱等多种因素制约，农区饲草料区域性不足将更加凸显。

(四)畜牧产业化发展相对滞缓,龙头企业辐射带动能力不强

新疆区域涉牧龙头企业体量相对弱小,自我发展能力不强,加工销售环节滞后,市场开拓不足,品牌培育滞后,对养殖环节引领带动不强。养殖企业与养殖户间未形成利益共享的联结机制,相互缺乏信任,养殖户参与企业、合作社经营的生产积极性不高。养殖合作社组织空壳多,运营的合作社在经营过程中不规范,缺乏带动作用。疆内畜产品生产基地不强、不稳、不优,对后端加工、生产、销售环节难以形成有效支撑。物流营销体系投入大,外销运输成本高,冷链体系不健全,在一定程度上制约了新疆优质畜产品同国内同类畜产品的市场竞争力。

(五)动物疫病防控形势依然严峻

新疆及周边国家动物疫情形势复杂,国内一些省区疫情频发、毒株不断变异增加。人畜间布病疫情已严重影响全区畜牧业健康发展和公共卫生安全。活畜跨省、跨区域长途贩运流动的数量和频率居高不下,扶贫活畜调运流通把关不严引发和传播疫情的风险极高。近年来一些地方重养殖发展、轻动物防疫的思想有所抬头。各地乡镇畜牧兽医站力量和工作力度明显下降。村级防疫员任务重、责任大、待遇低、保障差,队伍不稳定状况日益严重。在 2017 年春季免疫效果“飞行检查”中,南疆四地州口蹄疫总体免疫抗体合格率仅为 57.15%,远低于全区口蹄疫总体免疫抗体合格率(73.03%);秋季免疫效果“飞行检查”中,克州、和田、喀什三地州家禽 H7N9 禽流感免疫合格率均为零,说明基本未开展 H7N9 禽流感的免疫工作,存在严重的疫情发生风险。

三、典型经验及示范意义

(一)畜牧养殖典型成功经验

1. 牛羊托养经营模式

喀什地区牛、羊主要以散户养殖为主,存在饲养管理水平低、饲草料缺乏、劳动力不足及养殖效益低等问题,经过不断探索,目前正在兴起牛、羊托管经营模式。即:养殖散户将自有的牛、羊等牲畜交给养殖企业、养殖合作社或养殖大户托管饲养,交接前先根据市场行情对牲畜品质评定和定价,然后双方协定每年按一定比例向托养户支付利润(分红)。目前签订3年合同,到期后若养殖户不愿继续托养,则按托养时定价返还动物或现金(如麦盖提县畜牧养殖基地专业合作社;喀什市伯乡凯壁达喜专业合作社等)。

优点:一是解放了劳动力;二是充分发挥了养羊大户、能手的技术及经营优势;三是有利于向适度规模化养殖方向发展。

2. 草畜联营合作社

塔城地区以草地管护使用权、牲畜生产经营权、设施使用权作为资本入股,实行统一放牧、统一防疫、统一改良、统一销售的运作模式的草畜联营合作组织(如沙湾县博乡绿地毯草畜联营合作社)。

优点:一是有利于解放劳动力;二是有利于草场有序流转;三是有利于推行退牧还草高标准节水滴灌饲草料地建设;四是有利于推行暖季放牧,冷季舍饲的养殖模式。

3.“自繁自育”+“外购育肥”+“两年三产”的生产模式

喀什地区一些肉羊养殖合作社(大户),为了提高效益,在利用本地品种自繁自育的同时,也增加了外购育肥环节。这样既有利于降低生产母羊饲养成本,也避免了单纯育肥的羊均衡供应问题。同时,通过养殖非季节繁殖品种或人工处理,实现8个月为一个生产周期的“两年三产”技术,有效提高了肉羊养殖效益。

(二)畜牧养殖领域成功经验及其示范意义

1. 可推进畜牧全产业链示范经营模式的进一步发展

借鉴疆内西域春乳业、南达乳业、巴口香“产加销衔接、种养循环发展”全产业链发展模式,在南北疆集中打造2～3个肉羊、特禽、肉牛全产业示范链龙头企业。

2. 推动产业合作经营模式的快速发展

推广“牛羊托养经营”“草畜联营合作社”“企业＋合作社(小微企业)＋农户”合作生产模式,密切企农利益联结机制,发挥龙头企业对产业的带动引领作用;推广农业联合社“奶牛合作社＋饲草种植合作社＋肉羊生产合作社＋农机服务合作社”联合社发展模式,促进现有众多畜牧合作社向联合社发展,通过联合社发展进一步提高畜牧业生产的组织化程度。

3. 可带动畜产品营销模式的创新性发展

引导疆内知名企业与内地企业互利合作,依托内地企业成熟的终端消费市场,通过建立分销、代销合作关系,利用内地企业现有冷链物流配送体系、专卖店、品牌店、连锁店、超市以及电子商务平台,拓宽营销销售渠道。充分利用快递物流业,发挥好互联网电商平台“云端”集散辐射作用,推动疆内“小、精、特”畜产品疆外销售,满足人民多元化消费需求。

四、三年预期发展目标

新疆畜牧业力争在畜产品市场保质保量供应、生态环境保护、畜牧生产基础保障、畜牧产业融合、畜牧业物质装备和提高动物防疫、畜产品质量安全水平等重点领域取得显著进展。到2020年,新疆牲畜存栏达到5 225.99头/只,总增长7.20%,年均增长1.4%;其中羊增长4.06%、牛增长15.93%、马增长2.53%、生猪增长61.05%、家禽增长101.14%。牛、羊良种率达到80%。畜产品精深加工率分别达到15%。绿色有机产品产量由目前的0.5%增加到5%,畜产品质量安全合格率由目前的89%增加到96%以上。粪污处理与资源化利用率由目前的45%增加到60%。建立健全的现代畜牧业产业体系、种业体系、生产体系、经营体系和强有力的生产保障体系。全区畜牧业产值达到800亿元以上,年均增长4.2%,农牧民来自畜牧业年均增收400元以上,全区畜牧业现代化发展水平明显提高。全区肉类总产量达到200万t,奶类总产量达到200万t,禽蛋产量达到50万t,分别较"十二五"末增长28.34%、28.39%、53.19%。其他畜产品和特色畜产品增产10%[3]。主要畜产品结构优化,市场供给能力增强,质量和效益显著提升。

五、建议采取的解决问题措施及预期效果

根据新疆畜牧业现状水平、发展阶段和主要生产要素基础条件,为巩固发展优势,补齐关键"短板",短期内实现畜牧业生产上水平并取得积极突破,确定近一个时期促进畜牧业生产上水平的总体思路是:以习近平新时代中国特色社会主义思想特别是习近平"三农"思想为指引,认真贯彻党中央治疆方略,聚焦新疆工作总目标,践行新发展理念,以深化农牧业供给侧结构性改革为主线,按照"促畜、增草、强防疫"的要求,坚持绿色发展、农牧结合、牧区繁育、农区育肥,坚持改造提升传统畜牧业、开拓创新现代畜牧业,以大力发展农区畜牧业和草地生态畜牧业为突破口,加强良种繁育体系、优质饲草料保障体系和动物疫病防疫体系建设,发挥企业、科研推广、基层技术人员的作用,着力扶持畜牧龙头企业快速发展和壮大,重点实施促进畜牧业生产"四良一规范"推广应用、现代畜牧业示范区建设、脱贫攻坚、畜牧业信息化建设。北疆重点提升良种牛羊繁育规模和水平、提高牧业定居点冷季舍饲比例,倡导牧区草畜有序流转;南疆扩大牛、羊育肥规模、提高良种繁育能力和育肥水平,推进特禽标准化规模养殖,实现全区肉类总产量达到200万t、奶类总产量达到200万t、禽蛋总产量达到50万t

和畜牧业产值达到800亿元的目标任务[3]。

(一)明确区域产业发展重点

按照自治区关于推进农牧业供给侧结构性改革的总体布局,坚持绿色发展、农牧结合、牧区繁育、农区育肥,改造提升传统畜牧业、开拓创新现代畜牧业,进一步明确区域产业发展重点,优化产业布局。北疆牧区要发挥草原绿色有机畜产品生产优势,积极推广草地生态畜牧业发展模式,加快发展肉牛、肉羊产业;要大力发展农区畜牧业,促进肉牛、肉羊标准化与规模化养殖,提供优质优价畜产品,促进常年均衡供应。南疆要紧盯打好脱贫攻坚战,建立种养循环、农林牧复合发展的生产模式,进一步调整优化种植业结构。要持续抓好地方良种肉羊生产,突出特禽产业发展。以乌鲁木齐、昌吉、石河子、克拉玛依、伊犁及南疆中心城市城郊为重点,巩固发展奶产业为主产区;以天山北坡、伊犁河流域、额尔齐斯河流域、塔额盆地和南疆铁路沿线区域为重点,巩固发展肉羊、肉牛产业为主产区;以天山北坡、昌吉州东部、塔额盆地、焉耆盆地、阿克苏地区为重点,巩固发展生猪产业主产区;以天山北坡、昌吉州东部、博州和南疆四地州为重点,巩固发展家禽及特禽产业主产区;以伊犁河谷、巴州、塔城和阿勒泰地区为重点,巩固发展以马产业为主产区。

(二)优化畜禽良种繁育体系

畜牧业发展,良种先行。畜禽种业是畜牧业发展的先导产业,是促进畜牧业持续稳定发展、保障畜产品市场供给安全的根本。要按照《关于加快新疆现代畜禽种业发展的意见》,进一步抓好相关措施落实,通过建立政府财政补贴激励、育种目标考核奖励、重点育种场遴选分级等机制,调动畜禽育种企业积极性。优化、完善羊、牛良繁体系,建立优良地方品种、培育品种、引进品种的核心育种群,配套本品种选育、人工授精、胚胎移植、冻精生产等技术,提高优良种畜供种能力。提升中国荷斯坦牛、中国西门塔尔牛、新疆褐牛、阿勒泰羊、巴什拜羊、多浪羊、中国美利奴羊等地方品种和培育品种种群养殖规模和良种化水平。

(三)建立新型农区高效养殖生产模式,提高畜禽规模养殖水平

一是建立种养循环、农林牧复合发展的生产模式,推动农区肉牛、肉羊规模化养殖;以稳定或适度增加存栏量、大力提高出栏量为突破点,农区推广绵羊冬羔生产、“两年三产”、“小户繁育、大户(合作社或育肥企业)育肥”等养殖生产模式。利用早期断奶育肥技术开展肥羔生产,提高生产效率;在划定地方优良品种养殖区外,引进优良绵羊品种,通过改善母本繁殖性能(多胎、非季节发情),提高农区养殖效益;探索“牧区繁育农区育肥”或“暖季放牧冬季舍饲”的合作经营生产方式,充分利用牧区养殖成本低、农区农副产品丰富的特点,提高养殖效益。同时,南疆以建立“小户繁育、大户(合作社或育肥企业)育肥”的生产模式,提高南疆地区肉羊、肉牛育肥规模水平。二是发挥北疆新疆褐牛、荷斯坦牛良种优势和饲草料资源富足优势,转变北疆肉牛短期育肥为高档肉牛育肥,推广犊牛断奶后夏季草原放牧,冬季舍饲育肥生产技术,提高肉牛规模化养殖水平,减少草原牧区放牧载畜量。三是严格草原禁牧和草畜平衡管理,切实发挥牧业定居点多年建设成果优势,进一步压减转移天然草场载畜量,提高牧区定居点牲畜冷季舍饲比例、延长舍饲时间,提高牧业定居规模养殖水平。四是加快牧区草畜流转进程,引导天然草场、牲畜向养殖大户、涉牧企业、牧民合作社转移集中,为推进草原牧区规模经营创造必要条件,促进牧区劳动力有效转移。五是推进南疆特禽养殖向标准化、规模化养殖方向转型,提高特禽产品质量安全水平,为发展南疆外向型特禽产业筑牢基础,逐步压缩散户特禽养殖比例,降低疫病发生风险。

(四)加快优质饲草体系建设,提高养殖业饲草料供给能力

要坚持生态优先、以草定畜、绿色发展,坚持农牧结合、草畜配套、推行“种养结合、农牧循环”的发展模式,大力推进饲草业供给侧结构

性改革，优化调整农业结构，逐步建立“粮经饲”三元种植业结构。主要通过四个方面增加饲草供给，重点缓解南北疆饲草区域性不平衡和短缺矛盾。

1. 科学划定草地生态功能区和草地生态红线

根据草地资源承载能力，坚持以草定畜，在落实好禁休牧和草畜平衡制度的基础上，北疆积极推行暖季放牧、冷季舍饲，牧区繁育、农区育肥的生产方式，通过实施退耕还草、已垦草原治理恢复、人工饲草地和灌溉草场建设等草原生态保护工程，进一步增加饲草供给。

2. 加大种植业结构调整优化力度

按照“宜粮则粮、宜棉则棉、宜草则草”的原则，通过耕地地力保护补贴、“粮改饲”项目补贴政策引导，积极推进南疆地区“粮改饲”和北疆地区“旱改草”工程建设，加大人工优质饲草料地种植面积，促进粮、经、草三元种植结构协调发展。

3. 在南疆大力推广“小麦+青贮玉米”等复播套种等栽培模式

建设环塔里木盆地复播玉米、饲草套种生产基地，加快退棉种草进程，增加单位耕地草料产出。

4. 合理布局

建设伊犁河谷、塔额盆地、额河流域苜蓿、饲料玉米生产基地和农副秸秆收储加工基地，建设天山北坡经济带青贮玉米、苜蓿生产基地和饲草加工业基地，提升农副产品高效综合利用技术。根据不同农副产品特点，分别推广和建立低成本农副产品加工利用技术，提高农副产品综合利用效率；加大草颗粒、营养草砖等技术的研发与推广，提高农副产品的利用率，增加不同区域饲草料供给能力。同时，可降低“北草南调”运输成本，建立健全新疆饲草料运输、交易调配长效机制。

六、政策改革建议

(一)放宽养殖贷款门槛和设立新疆畜牧业发展基金政策建议

针对“畜牧业投资回报周期长,引导社会资本进入吸引力不强”的实际,可采取以下措施:一是政府协调商业银行放宽养殖贷款门槛,把养殖贷款期限延长到2～3年;对养殖户棚圈、土地进行确权,给养殖场(户)发放金融部门抵押认可的棚圈产权证,准予参加政策性保险基础母畜纳入贷款抵押范畴。二是政府协调设立新疆畜牧业发展基金,重点支持全产业示范链建设、畜禽规模养殖、畜产品精深加工业以及重点科技攻关等方面,并按照国内通行规范惯例管理该项产业发展基金。

(二)加大种畜禽财政补贴政策建议

基于目前养殖户对优良种畜禽(尤其牛、羊)购买能力有限,以及优良种畜禽对产业带动所具有的社会效益特点,建议继续加大政府对优良种畜禽和主导品种能繁母畜财政补贴力度,调动畜禽育种企业积极性,加快新疆畜禽品种良种化进程。

(三)建立疆内饲草料运输交易优惠政策建议

针对疆内区域性饲草料供给不平衡,南疆饲草料缺口大、运距远等问题,建议对疆内饲草运输实施“绿色通道”政策,对在南北疆交通沿线建设饲草料交易市场及饲草料购销给予贷款贴息补助等优惠政策,降低“北草南调”运输成本,建立健全区内饲草料运输交易调配长效机制。

(四)出台主要品牌畜产品外销运费补贴政策建议

针对疆内优质畜产品外销成本高的实际,为降低企业营销成本,促进产品外销，建议自治区出台对主要品牌畜产品外销运费补贴政策，提高新疆畜产品在国内市场的价格竞争能力。

（五）稳定畜牧业基层技术服务队伍、健全利益保障机制政策建议

建议自治区按照护边员每月人均收入 2 000 元的标准，遵循分类指导、增加投入的原则，进一步提高新疆畜牧业基层技术服务人员工作补贴，将村级动物防疫员等每月收入补助增加到近 3 000 元（含单位应缴纳的医疗、养老、失业、工伤、生育保险等），并进一步加大培训力度，提高队伍综合服务技能。

执笔人：张金山、狄江

参考文献：

[1]2017 年新疆年鉴．

[2]2017 年新疆畜牧业总结报告．

[3]新疆维吾尔自治区畜牧厅，新疆维吾尔自治区发展改革委．新疆维吾尔自治区畜牧业现代化“十三五”发展规划[EB/OL]．[2018-09-12]．http：//www.xjxmt.gov.cn/article/c017/20180417182403392,html.

第六章 新疆林果业提质增效专题调研报告

一、发展水平及现状评估

(一)新疆林果业总体水平及未来趋势

1. 林果业的地位

新疆特色林果业是集果品生产、加工、经营、销售和服务等为一体的技术密集型和劳动密集型产业,现已成为新疆特别是南疆促进农民增收、推进脱贫攻坚的主要抓手。

2. 林果产业布局现状

经过多年的不懈奋斗,新疆“一区、三带和六集群”的林果产业格局已基本形成。“一区”为“一大林果主产区”,是指以环塔里木盆地红枣、核桃、杏、香梨、苹果、巴旦木、葡萄等为主的南疆特色林果主产区,其林果种植面积和产量占全疆林果规模的75%以上。“三带”为“三大林果产业带”,是指以鲜食和制干葡萄、红枣为主的吐哈盆地优质高效林果产业带,以鲜食和酿酒葡萄、枸杞、小浆果等为主的伊犁河谷林果产业带和天山北坡特色林果产业带。“六集群”为“六大特色林果产业集群”,是指以环塔里木盆地、吐哈盆地的红枣产业集群,阿克苏、喀什、和田地区的核桃产业集群，库尔勒市、阿克苏市的香梨产业集群，喀什、和田地区杏产业集群，阿克苏市、伊犁河谷的苹果产业集群，焉耆县、和硕县、昌吉回族自治州的酿酒葡萄产业集群。

3. 主要林果种植面积与产量

截至 2016 年，全疆林果种植面积达到 1 890 万亩(1 亩≈666.7 m^2，下同)，果品产量 730 万 t，实现产值 515 亿元；创建了 260 万亩绿色、有机、出口注册、生态健康果品等生产基地和优质高效丰产栽培标准化示范基地。全疆红枣种植面积 591 万亩、产量 159 万 t，葡萄种植面积 156 万亩、产量 187 万 t，杏种植面积 179 万亩、产量 111 万 t，面积和产量均居全国第一；核桃种植面积 532 万亩，居全国第六，产量 69 万 t，居全国第二；梨种植面积 80 万亩，产量 79 万 t，产量居全国第五[1]。

4. 林果业未来发展趋势

2018 年新疆林果产量预计达 760 万 t，实现产值 540 亿元，亩均产量 409.5 kg，人均占有量 330 kg，亩均产值 2 909 元，林果主产区农民人均林果业收入预计达 35%以上[2]。林果业已成为南疆覆盖范围广、惠及人口多、发展潜力大的富民产业。

(二)与全国或者典型省区比较

2016 年新疆林果种植面积达到 1 890 万亩，果品产量 730 万 t，实现产值 515 亿元；亩均产量 386.2 kg，人均占有量 304.4 kg，亩均产值 2 724.9 元。

河南省 2016 年以林果为主的经济林种植面积 1 575 万亩，结实面积 930 万亩，经济林产量达 757 万 t，总产值达 472 亿元[3]；亩均产量 480.6 kg，人均占有量 70.2 kg，亩均产值 2 996.8 元。

山东省 2016 年济林面积达到 2 343 万亩，年产量 2 266 万 t，年产值 1 226 亿元；经济林产量、产值分别占全国 13.3%和 10.6%，连续多年居全国首位[4]；亩均产量 967.1 kg，人均占有量 230.1 kg，亩均产值 5 232.6 元。全省 1 700 万人直接或间接从事经济林产业，经济林收入占农民年收入的比例达到37%以上，部分县超过70%，涌现出一批农民人均年收入过5 000元的县，过万元的乡村，过10万元的农户。

2016年全国经济林面积达5.38亿亩，各类经济林产品总量达到1.7亿t，经济林种植与采集业实现产值1.2万亿元[5]；亩均产量316.0 kg，人均占有量121.0 kg，亩均产值2 230.5元。

统计数据表明，新疆经济林亩均产量、人均占有量、亩均产值均优于全国平均值。除人均占有量外，其他指标与林果业强省山东省均有一定的差距，加之新疆得天独厚的发展林果业的有利条件，提质增效的潜力巨大。

二、需要破解的突出问题及原因分析

(一)优良品种匮乏、栽培区划不力

优良品种的选育、引进力度欠缺，对新型特色果树(如西梅、杏李、樱桃、榛子等)引种栽培重视不足。尚未实现具有比较优势的早、中、晚熟品种，干、鲜品种，加工品种等的科学区划。

(二)基地建设投入严重不足

新疆林果产业种植面积快速扩增，但相应配套基础设施建设落后。国家在粮食、棉花、畜牧防疫、草原、农机购置都有相应的补贴政策，而林果产业没有任何补贴政策。林果主产区普遍存在土壤瘠薄，有机肥投入不足。果农在生产中物化投入严重不足，导致单产和品质下降，商品果率较低。按果树正常生长需要，年亩均需投入1 700元以上，而果农的实际投入不足500元/亩。

(三)林果生产标准化程度低

以农户主导的零散、小规模种植，技术措施难以统一。林果企业、专业合作社、家庭林场等多元化新型林果经营主体培育滞后，现有标

准体系远未落实于林果种植生产。以喀什为例，由于标准化工作落后，几大林果树种均存在一定的问题，如红枣栽培中的问题为：一是种植行的株距过密，树冠内部通风透光能力差，急需疏密；二是整形修剪、病虫害防控、林果机械化推广等各项技术措施难以落实到位，果品产量、质量明显下降。核桃栽培中的问题为：一是品种不纯，未改接的实生树仍较普遍，存在着主栽品种与授粉品种配置不达标的问题；二是密植核桃园疏密工作推进缓慢，园相较差；三是采后处理落后，果品商品性差。杏、西梅栽培中的问题为：栽培管理粗放，技术措施落实不到位，特别是病虫害防控不到位，食心虫、小蠹虫、桑白盾蚧、流胶病等病虫危害严重，造成树势衰弱，产量低，虫果率高，甚至绝收。

(四)水资源匮乏、林果农作物种植矛盾凸显

南疆地区水资源匮乏、人多地少，林果业前期效益低，发展初期普遍实行果粮、果棉间作。受传统种植观念的影响，水肥投入以农作物需求为主，放松对果树的管理，水肥投入极不协调。果树生长与作物生产需水、需肥、有害生物防治规律不同，在灌水、施肥、用药等管理上存在冲突，造成果树生长结果不良、缺株断行现象普遍，同时造成果园高效节水、机械化作业等技术难以推广应用。目前，南疆四地州 90% 的果园均已郁闭，随着树龄增加，冠幅增大，采光不足，导致果树产量和品质出现双重下降。粮食、棉花产量也呈现下滑趋势。

(五)林果基地灾害防控体系不健全

新疆生态环境脆弱，是自然灾害多发区，沙尘、风灾、雹灾、低温冻害、有害生物等自然灾害严重影响林果产业发展，给果农造成巨大损失，挫伤了果农的积极性。近 60% 林果基地的防护林不完善，防护林网低效残次、缺行断带，抵御大风、沙尘、低温冻害的效能严重不足。

(六)林果科技支撑薄弱、基层技术推广服务队运作乏力

林果科技力量薄弱，科技成果储备不足，且转化率较低，加之科技

人才队伍匮乏，标准化技术培训工作滞后；同时以乡镇为单位的林果专业技术服务队缺乏专项补助资金，运作乏力，开展嫁接、修剪、有害生物防治等工作不到位。

（七）林果产品质量安全检测体系不健全

在化肥、农药、植物激素、清洗剂等投入品的使用方面不规范，超量使用化肥、农药和植物激素，导致果品质量下降、高农药残留、市场认可度逐年下降等问题凸显。主要原因是：一方面有关林果依法行政的行业、地方标准缺失，果品质量安全监管力度不到位；另一方面没有严格执行现有的林果生产技术标准。

（八）林果生产机械化作业水平低

林果机械研发薄弱，且大部分林果机械未列入农机购置补贴范围，果农购买力有限，林果生产机械化程度低。此外，林果树种的种植模式杂乱，不利于林果机械的推广使用。

（九）市场开拓困难、三产融合发展有短板

林果加工企业小而分散，行业领军企业缺乏，集聚发展进程缓慢，产业集群优势尚未形成；企业研发能力和投入严重不足，加工设备水平落后，产品加工层次不高且结构单一。市场开拓组织网络不健全，缺乏权威、有效的专业机构组织协调农民经纪人、合作社、企业等市场主体合作开拓市场；林果仓储保鲜冷链物流体系和连锁配送体系建设滞后，果品集散、营销网络不完善，运距远、损耗大，配送效率低。区域公共品牌少，地方小品牌多而杂，知名品牌欠缺，没有形成规模效应。

（十）金融支持力度不强

目前，国家支持林果业发展的政策十分有限，金融、保险等政策支持缺位。由于缺乏林果资源资产评估环节措施，而无法实施抵押贷款，致使农民专业合作社以及林果加工、流通企业急需的政策性贷款

或流动资金贷款的优惠政策得不到落实，企业和果农贷不上款的现象普遍发生，直接影响果农及企业的发展、壮大。另外，由于自治区、地县财政乏力，用于林果业发展的资金十分有限，难以拿出较多资金扩大林果业政策性保险范围，林果业政策性保险仅仅局限于试点，难以推进实施。

三、典型经验及示范意义

(一)林果科技支撑体系初步建立

"十二五"以来，自治区立项启动了200多项林果科研项目和推广项目，制定了红枣、核桃、葡萄、巴旦木、杏、香梨、苹果7个树种的标准体系，制定基地建设标准207项，制定了红枣、核桃、香梨、苹果4个树种的生态健康果园栽培技术规程；建立了自治区、地州市、县市、乡镇四级有害生物、低温冻害和大风沙尘测报站点660个，建成县市应急防控专业队90支、乡镇防治服务队461支、地州级检疫检验实验室14座；创建了林果业科技支撑首席专家制度，自治区及各地州市、县市在区内外聘请了100余名林果专家。培训林果技术人员和农民技术骨干150万余人次，科技应用水平明显提高。在国家各部委的支持下，新疆正在加快建设特色林果产品质量安全检验检测体系[1]。

(二)核桃产业升级十大措施

叶城县总结推广"核桃产业升级十大措施"(品种改良、精品果园、机械化修剪、疏密改造、人工授粉、病虫害飞防、核桃种质资源收集、线上线下电商、核桃产后分级加工等)，为核桃产业提质增效和品牌市场打下产业技术基础。十大措施打造了县域林果升级的先进典型，可复制性强。

(三)种养结合循环经济有机栽培模式

如沙湾格润公司以"公司＋农户"形式，发展生猪养殖；滴灌专用有机肥生产；蟠桃、葡萄种植；冷藏加工等链节构成的循环经济模式，由于产品获得有机认证，已外销国外水果高端市场，取得良好的经济效益。和田县采用红枣种植结合养禽及有机肥发酵的模式，栽培的骏枣、冬枣品质极佳。该模式对解决南疆有机肥短缺、投入严重不足，影响林果品质的难题具有重要示范意义。

四、三年预期发展目标

以"稳定面积、优化品种、更新技术、提质增效、开拓市场"为指导，以产品"优质、绿色、安全"为方针，走品质强果、标准强果、特色强果和加工强果的路子，坚持全产业链整体推进。打造世界一流水平的红枣生产基地；中国一流的核桃、葡萄、杏生产基地；区域特色突出、竞争优势明显的苹果、香梨、巴旦木生产基地。把新疆林果业建设成区域特色鲜明、产业布局合理、经济效益显著、生态环境良好、城乡统筹发展的国家级现代特色林果产业聚集区。实现新疆林果大区向林果强区的飞跃。

到2020年，特色林果业布局优化、结构调整、规模经营、三产融合、绿色发展和提质增效取得重要进展，标准化果园面积占总面积的35%，优质果品产量占总产量的40%，商品果率达80%以上；果品贮藏保鲜率达到50%以上，果品加工转化率40%以上；果品安全抽检覆盖优势林果产区，源头污染得到有效治理；林果产品市场开拓"走进去"基本完成、"走上去"取得重要进展；农户林果业收入占家庭经济收入30%以上，优势林果产区达40%以上。初步组建林果技术专家团队和不同领域、不同层次科技人员组成的产业技术服务联盟，科技支撑能力显著提升，制(修)订7大林果树种的技术标准体系；果品质量安全监测、监管覆盖林果主产区，源头污染得到有效治理。新疆林果全国市场占有率稳步提高，形成完善的特色林果产业体系和林果业灾害综合防控体系，巩固提升绿色生态林果大区地位，促进农民脱贫增收和改善生态人居环境。

五、建议采取的解决问题措施及预期效果

（一）优化林果区域布局，突出地域优势和特色

按照区域化布局、科学化管理、产业化经营的要求，科学规划特色林果主栽树种（品种）的种植区域和规模，避免同质化竞争。积极培育、发展新型果树树种，做到干果、鲜果种植比例合理搭配，优化树种（品种）结构，实行特色林果差异化分类经营。

（二）优化种植模式，在种植业模式上应该以水定地，调整配水制度

基于林果业发展在农业种植结构中的比较优势，建议将以农作物需水规律主导的配水制度，改为以林果树种需水要求主导的配水制度。合理林果建园、间作、作物模式的比例，确保粮食安全和农区饲草料生产，保障畜牧业有序发展的同时，就地解决优质有机肥来源，支撑种植业健康发展，而实现农、林、牧业的良性循环；林果进入盛果期，遮阴严重时，林下小麦应立刻退出，专注林果丰产栽培管理，果树与棉花间作在栽培管理中水肥矛盾突出，应退出棉花。

（三）研发推广先进成熟的标准化生产等关键实用技术

积极探索适宜新疆的林果简约化栽培技术。以“五减（化肥、灌水、农药、人工、总投入）、五增（单产、品质、安全、利润、投入产出比）”为发展目标，实现节水灌溉、水肥一体化、科学整形修剪、合理疏花疏果、高效低残有害生物防控、机械化作业和密植低效果园改造等先进生产技术的有机结合。

(四)强化灾害综合防控,提高林果基地御灾能力

以林果业有害生物、低温冻害、大风沙尘三大灾害为重点,构建覆盖全区的特色林果业灾害综合防控体系。

(五)创建林果业社会化服务体系

探索创建林果技术服务公司,引入专业化、社会化的服务体系,采取政策扶持的方式,建立公司化运作、稳定、高效的林果技术服务队伍。重点开展整形修剪、测土配方施肥、病虫害防治、林果机械化等方面的技术服务。建立完善地、县、乡、村四级科技服务推广网络体系,确保各节点高效运行。

(六)着力打造特色林果加工园区

按照政府搭建平台、平台聚集资源、资源服务行业的原则,坚持高位推动,打破行政区划和地域界限,在区内区外打造一批高标准的新疆特色林果加工园区。

(七)发展特色林果加工旗舰企业

加快培育大、中、小型林果加工企业梯队,构建一批科技水平高、加工能力强、上中下游相互承接的龙头企业。

(八)切实加强组织建设,形成市场开拓工作合力

组建全区特色林果业产业联盟,商会或行业协会,按产品联合发展,以涉农旗舰企业、涉农投资管理服务公司、新型农业经营主体、涉农中介组织等为主体,吸纳科研院校、技术部门、法律服务机构、市场营销专家等参加,重点做好提供行业服务、承办展示交易、加强自律监督、组织维权打假等工作。

(九)健全果品分类分级质量安全标准体系

坚持“质量兴果”,实施林果业标准化战略,突出绿色、有机、生态导向,健全果品质量安全标准体系,以标准引领和推动林果产业升级。根据林果产业发展需求,按照“一个产品一个标准体系”的原则,加快制定并完善新疆主要林果产前、产中、产后各环节标准,并组装配套形成综合的产品质量安全标准体系。建立健全涵盖从产地环境、生产技术到产品、包装、储藏和运输等全产业链条的各个环节的标准体系,完善促进果品产业发展和依法行政的行业标准,基本实现果品生产“有标可依”、产品“有标可检”、执法“有标可判”。

六、政策改革建议

(一)探索创新保障粮食安全和提高农民收入的新方式

在林果主产区和林果产业带,坚持宜粮则粮、宜果则果的原则,探索创新保障粮食安全和提高农民收入的新方式。统筹实施新疆粮食安全区域平衡战略,争取国家支持新疆粮食生产、储备和流通能力建设,逐步实施粮食安全大区平衡战略,处理好粮食安全和农民增收之间的关系。

(二)加大对林果业的政策、金融扶持力度

根据新疆特色林果业发展需要,及时调整和扩大国家农机具购置补贴范围。采取税收优惠、财政补贴、政府购买服务等方式,支持开展林木种苗、土壤改良、仓储烘干、科技推广、信息咨询、市场营销等社会服务。创新财政补贴方式,新增财政补贴资金重点向新疆特色林果产区和新型林果经营主体倾斜。

(三)施行特色林果有害生物防治特殊支持政策

将特色林果有害生物纳入公益防治支持范围,用于对特色林果造成严重损失的重大、危险性、检疫性有害生物(苹果蠹蛾、枣大球蚧、枣实蝇、苹果枝枯病)的飞机防治补助。

执笔人:刘康、鲁天平、史彦江、王继勋

参考文献:

[1]新疆维吾尔自治区林业厅,新疆林业科学院.新疆特色林果标准化生产示范基地建设规划(2018—2020),(送审稿).2017—6.

[2] 热依达.今年新疆林果产量预计达760万吨[N].新疆经济报,2018-04-04.

[3]王巧玲.河南省经济林产业现状及对策建议 [J].河南林业科技,2017,37(3):44-46.

[4]周艳.山东力争2020年特色经济林种植面积达到2720万亩[EB/OL].(2017-07-26)http://news.bandao.cn/news.html/201707/20170726/news_20170726_2748837.shtml.

[5]全国绿化委员会办公室.2016年中国国土绿化状况公报.[EB/OL](2017-03-13).http://www.forestry.gov.cn/main/63/comtent-955333.html.

第七章　新疆节水农业提质增效专题调研报告

一、发展水平及现状评估

(一)新疆总体水平及未来趋势

新疆是典型的“荒漠绿洲、灌溉农业”。农业用水占经济社会总用水量的93%以上，远远高于全国平均水平62%。目前，新疆农业总用水量513.7亿 m^3[1]，其中粮食作物约占农业用水总量的33%，棉花约占农业用水总量的26%；林果约占农业用水总量的18%。农业用水效率总体不高，实施农业节水增效潜力较大。

截止到2017年，新疆地方系统高效节水面积达3 578万亩（1亩≈666.7 m^2，下同）[2]，农业高效节灌率达50.5%。其中大田粮食作物面积约占25%，大田经济作物面积约占54%，林果套种作物面积约占12%；加上兵团面积，新疆已成为全国高效节水面积最大的省区，约占全国高效节水灌溉面积的14%。近两年，新疆地方农业高效节水灌溉面积平均以每年260万亩的速度增加，每年新建防渗渠道1万km左右，干支斗三级渠道防渗率达55.6%。通过节水建设，2017年新疆农业综合灌溉定额由2015年的596 m^3/亩下降到556 m^3/亩，下降了

40 m^3/亩；农田灌溉水有效利用系数从2015年的0.52提高至2017年的0.542，提高了2.2个百分点，农业节水取得了显著的成效。

（二）与全国或者典型省区比较

2017年新疆农业用水占经济社会总用水量的93%以上，比邻近的甘肃省农业用水占比80%高出13个百分点，远高于全国平均水平62%；粮食作物水分生产率为0.89 kg/m^3，低于全国平均水平1.2 kg/m^3；农业综合亩均用水量566 m^3/亩，高于甘肃省的487 m^3/亩，远远高于全国平均水平的380 m^3/亩；农业灌溉水有效利用系数0.542，与2016年全国平均水平0.542相当；高效节灌率50.5%，高于全国平均水平；总体来看，新疆农业用水效率有待继续提高，农业节水增效仍存在较大的潜力空间。

二、需要破解的突出问题及原因分析

（一）区域发展不均衡，南疆地区高效节水发展困难

新疆总体高效节水发展迅猛，取得了显著的效益。但南疆地区，高效节水发展困难。如本次调查的喀什地区能够正常运行的高效节水工程面积约256万亩，仅占总灌溉面积20%，主要为大户和私人农场土地；农业高效节水已建工程闲置率高达30%，其中建设运行3年以上工程闲置率接近50%，停运高效节水工程均为基本农户地。其原因主要有以下几个方面：一是体制问题。由于南疆地区基本农户土地一般在2亩/人左右，土地太少且分散，滴灌每次灌水轮灌面积30～40亩，需要10～20户农户就统一种植结构和水肥管理进行协调，难度大、矛盾多；加之部分农户对农业生产积极性不高，不愿增加投入购买滴灌带，“一户有问题、十户受牵累”；而现行依托农民用水组织管理的模式缺乏约束机制，协调管理能力弱，滴灌系统运转不起来。二是技术问题。首先是因为目前林果间作粮食滴灌技术不成熟，农民对果树

和小麦滴灌不接受，当农作物倒茬及种植结构调整时就停止使用。其次，南疆渠道防渗率太低，土渠渠系配套差、输水慢，量水设施自动化程度低，难以满足高效节水工程适时调度、及时供水的要求；同时发展河水滴灌需要将斗农渠轮灌改为续灌，造成土渠过水时间长、渗漏增加，影响灌区整体的节水效果。已建工程运行效果受到影响，挫伤了农民的积极性。三是政策问题。目前南疆地区很多县用水计量只到乡一级，乡镇内部还是按亩收费，吃大锅饭；搞节水的农户没有奖励措施，节余的水量被无偿调用；对大户、私人农场等规模化经营区域没有强制性节水要求，农民的节水积极性受到抑制。

(二)河水滴灌供水保证率偏低，泥沙淤积问题突出

客观上看，目前新疆大部分河流水库调蓄能力低，加之南疆地区渠系防渗率太低、北疆地区骨干渠系老化破损严重，导致季节性缺水问题突出，影响了滴灌的供水保证率。但主观上还存在以下技术问题：一是末级渠系量水设施配套不完善、自动化程度低、缺乏实时优化配水技术，难以满足滴灌适时调度、保证供水的要求。二是由于实施滴灌后，末级渠系水流分散，挟沙能力降低，在部分泥沙含量较大的灌区，缺少区域性分级的泥沙处理设施或排沙技术落后、缺少自冲洗能力，导致部分滴灌蓄水池甚至引水渠道淤积严重，影响供水。如麦盖提县库木库萨乡12村7 000亩滴灌系统引水渠汛期淤积严重，清淤泥沙甚至将渠边柏油路都堵了一半，严重影响滴灌系统引水和运行效率。巴音沟河引水干渠采用三座常规沉砂池轮流沉沙，没有自冲砂能力，每年清淤频繁、费用负担沉重。总体看，本次调查部分河水滴灌已建工程年滴灌次数仅5～6次，灌水周期长达15 d以上，不能满足滴灌作物“浅浇勤灌”的要求，影响了滴灌的增产效果。

(三)高效节水工程效益发挥不充分

主要是滴灌农户田间水肥管理约束性不强，缺乏适合不同区域与不同条件的、标准化的滴灌水肥管理制度。部分农户意识仍停留在地

面灌时期，灌水定额过大，灌水施肥次数不足，不符合滴灌作物需水需肥规律，导致滴灌节水增产效果未充分发挥。如塔城地区额敏县井水滴灌玉米地，年灌水仅 5 次，但一次灌水定额约 60 m^3/亩，年灌水量（加冬灌）约 400 m^3/亩，远超用水定额，灌水施肥基本与标准地面灌溉相当，没有充分发挥出滴灌的效果。

（四）种植结构与水资源条件不匹配，林果间作供水矛盾突出

如喀什地区水资源特点为春旱、夏洪，春季来水仅占河道径流 10%，夏季来水占 70%。但近年来适合水源条件的棉花面积被压缩，而春季需要灌水的林果业发展规模很大。受春水限制，目前间作林果地主要按间作作物灌溉制度供水，造成除间作小麦的林果地外，其他林果地（特别是间作棉花林果地）春季处于非充分灌溉状态，对林果产量和品质造成较大影响。随着果林逐步进入盛果期，耗水量也在逐渐增加（较棉花耗水大 30%左右）；加之套作作物逐步退出，粮、果、棉争地争水的问题日益突出，特别是春旱问题将更为尖锐。

三、典型经验及示范意义

（一）严守“三条红线”，退地减水取得阶段性成效

“三条红线”用水总量控制指标已层层分解到乡镇、水系（如塔城地区已分解到村、队），并启动了地区考核县级工作制度。加快推进退地减水工作进程，如 2017 年喀什、塔城二个地区共退地减水 36.6 万亩，其中塔城地区较好地完成了自治区下达的退地减水任务，部分超采区地下水位出现缓慢上升趋势。

（二）大力推进“井电双控”措施

目前新疆在大部分地区大力推广普及“井电双控”措施，如南疆巴州、喀什、阿克苏，北疆昌吉、塔城、博州、乌鲁木齐，东疆哈密和吐鲁番

等地，其中哈密、吐鲁番、昌吉、塔城地区机电井计量设施配套率接近100%，并完成了县内联网，实现了用水总量、定额监控与超定额加价管理。

(三)高效节水发展迅速，规模化增产增收效益明显

目前，新疆农业节水已走在全国的前列，近年来新疆在水利建设方面的步伐进一步加快，发展高效农业，提升水资源的利用效率，增强小型农田水利基础设施建设力度，大力推广节水技术，全面实施区域规模化高效节水灌溉行动。2017 年新疆地方系统高效节水面积达 3 578 万亩，农业高效节灌率达 50.5%；其中如塔城地区高效节灌率高达 77%以上，平均节水增产 20%以上。出现棉花 500 kg 以上、冬麦 600 kg 以上千亩连片高产示范区；塔额盆地玉米平均单产达到 1 200 kg/亩左右，农民增产增收效果十分明显。

(四)积极探索新型高效节水运行管理模式

建立健全精准补贴机制，鼓励发展农业用水协会，引导其成为小型农田水利工程建设和维护的主体，提高灌溉水利用率。如喀什地区针对当地小农户经营问题，探索了以政府采购服务为基础，专业化灌溉公司灌溉托管和“建管护”一体化交钥匙模式，大幅降低农户高效节水工程运行成本和保证工程初期运行效果。二是沙湾县等将“互联网+智能灌溉”与农业合作社集约化经营有机结合，为节水农业向现代农业过渡创造了有利条件。

(五)推进农业水权水价综合改革

近年来新疆推进农业水价综合改革，建立农业灌溉用水总量控制和定额管理制度，如喀什地区伽师县、塔城地区沙湾县及乌苏市推行农业水权水价综合改革试点，将水权量化到户并颁发初始水权证书，实施阶梯水价制度，为推动用水定额管理、促进节水起到支撑作用。塔城地区实行资源水价制度取得了一定成效，开征了水资源费和资源

水价，强化了地下水超采治理，有效遏制了非法开荒。

四、三年预期发展目标

（一）用水总量控制目标

根据国家发改委批复《新疆水资源平衡论证报告》，到 2020 年新疆用水总量（含兵团）控制在 550 亿 m^3 以内，其中农业用水量控制在 492 亿 m^3 以内。

（二）农田水利基本建设目标

继续实施大型灌区节水改造，大力推进中小型灌区节水改造，完成 14 个大型灌区续建配套和节水改造任务，改善灌溉面积 800 万亩；完成 93 处重点中型灌区节水配套改造 385 万亩；积极推进高标准农田水利建设，强化末级渠系自动化量测水设施配套、小型水利工程建设和中低产田改造等。以小型农田水利重点县建设为重点，新增小于 1.0 m^3/s 的支、斗渠防渗渠道 1.5 万 km。

（三）农业高效节水发展目标

根据《新疆维吾尔自治区“十三五”高效节水灌溉总体方案》，“十三五”期间新疆地方系统新增高效节水灌溉面积 1 228 万亩，到 2020 年全疆地方系统高效节水灌溉面积达到 4 300 万亩，高效节灌率提高到 59%，农田灌溉水利用系数提高到 0.57，农业综合毛灌溉定额降到 555 m^3/亩，亩均节水 100 m^3。

五、措施建议

(一)加快末级渠系防渗和量水设施建设,积极推广整体装配式渠道防渗技术和自动化量水技术

南疆地区宜以渠道防渗和末级量水设施建设为重点,积极推广抗冻胀性能较好的整体装配式渠道防渗技术和可实现自动存储或远程传输的自动化量水技术,力保实现量水到村(组),夯实农业节水基础;北疆东疆地区宜加快混灌区渠系防渗建设和末级渠系自动化量水设施与水利信息平台建设,积极试点测控一体化的量测与配水技术,提升渠系实时优化配水能力,以管理促节水、以管理保供水。

(二)试点探索"先建机制、再建工程"的南疆地区高效节水工程建设模式

坚持将节水工程建设与农民合作社、土地流转、专业化服务公司等先进生产机制相结合,按照"集中连片、乡(村)整体推进,渠系田间并重,地表地下水联合利用和建管护一体化"的模式,选择适宜区域开展试点,成熟一片、建成一片、受益一片。

(三)积极推广小流量精细滴灌技术,逐步试点互联网+自动化滴灌技术,抓好高效节水工程提质增效工作

一是积极推广小流量精细滴灌技术,结合超宽膜植棉技术,提高灌水均匀度和进一步节水增效;二是与农业合作社、土地流转相结合,逐步试点推广"互联网+"自动化滴灌技术,实现水肥一体化精量控制;三是建设标准化滴灌示范区,形成适合不同区域条件的滴灌水肥管理技术规程,起到示范带动作用;四是强化水利部门和乡村领导的监管和技术指导,促进标准化滴灌技术推广应用。

(四)积极推广高效率滴灌泥沙处理技术

对于含沙量较大的河水滴灌区,实行区域性泥沙多级管控处理,在渠首或干渠首端增设大型泥沙集中处理系统,如滤网沉沙池、条形沉砂池、涡旋流排沙装置等自冲洗排沙设施,减轻田间滴灌首部泥沙处理压力与清淤负担;同时积极推广泵前过滤器、自吸清洗过滤器等新型高效率低能耗过滤设备。

(五)强化科技创新,提升精准灌溉水平

一是要积极突破果粮间作滴(喷)灌和老果树改滴灌技术,以科技进步破解南疆地区春旱缺水的关键瓶颈。二是积极引进探索磁化水滴灌技术、掺气滴灌技术、微流量地下滴灌技术、智慧农业滴灌技术等新技术,进一步提升滴灌效能。

(六)强化林果业及种植结构调整的水资源供需保障分析,优化林果用水灌溉制度

随着果树逐渐长大,套作作物逐步退出,粮、果、棉争地争水的问题日益突出。对此,除了加快山区水库建设之外,要结合全国第三次水资源调查评价,做好水资源利用规划,按照“以水定地”的原则,厘清和优化林果不同作物间作及建园模式下的灌溉制度,在保证粮食安全的基础上,合理布局林、粮、棉种植结构与间作关系,适当退出一部分低产棉田和果园。

六、政策改革建议

(1)严守水资源管理三条红线。将南疆地区用水指标进一步分解到村(组),落实阶梯水价制度,打破用水大锅饭。

(2)试行基本农田节水工程水费奖励制度。以政府购买节余水权的理念,按 3～5 年为期限对基本农户返还部分水费,给予节水奖励。

(3)加快推进水权水价改革。参考北疆经验,对南疆未实行高效节水的大户或私人农场酌情计征资源水价;对实施滴灌的基本农田实施优先供水,特别是保证实施滴灌的间作林果地春季用水。加快北疆东疆地区水权水价改革试点,推进水市场流转,形成激励机制。

(4)强化节水设备质量监管。建议废除出水均匀度极差的单滴头流量 2.6 L/h 以上或米流量 8.5 L/(h·m)以上的边缝式滴灌带的生产许可;同时将低能耗精细滴灌技术相关新产品、设备纳入农机补贴,为推广小流量精细滴灌技术保驾护航,进一步提高滴灌系统水肥利用效率。

(5)试点退地减水休耕补偿机制。目前新疆实施退地减水主要对象是国有土地和集体土地,由于部分县市国有土地面积较少,需要对村集体土地实行无偿清理退出,对乡村行政运转经费造成较大影响。建议对于部分涉及集体土地清退的村(队),可考虑采用退地轮休的方式争取部分国家补贴,维持村级行政的正常运转。

执笔人:张胜江、关东海

数据来源:

[1]新疆维吾尔自治区水利厅.2017 年新疆维吾尔自治区水资源公报[R]. 新疆维吾尔自治区水利厅,2018.

[2]新疆水利统计汇编,2017 年.

第八章　新疆设施农业提质增效专题调研报告

一、发展现状和水平

(一)新疆总体水平及未来趋势

新疆设施农业面积从2012年的100万亩(1亩≈666.7 m^2,下同),至2013年调整到91.4万亩,2017年发展到102万亩。设施农产品年平均产量308万t(摘《自新疆设施农业产业发展规划2016—2020年》)。亩均纯收入6 100元以上,农民通过设施农业实现人均收入610元以上。设施农业以其显著的经济效益和广阔的发展前景,已经逐步成为新疆农业重要的发展方向和各地农民增加收入的新亮点,成为转变农业生产方式,促进农村经济发展和农民增收的新兴支柱产业。新疆设施农业主产区有:吐鲁番市13万亩、喀什地区7.5万亩、和田地区7.8万亩、伊犁州5.68万亩、巴州5.6万亩、塔城地区4.31万亩、昌吉州4.2万亩、阿克苏地区3.7万亩,其他各地区也有小面积的温室建设。

(二)南北疆气候地理位置和设施农业概况

新疆南北疆跨越了纬度36°～48°,包括干旱戈壁区、干旱荒漠区、高海拔严寒区、低海拔炎热区以及高纬度严寒区的复杂气候。设施农业受环境气候和纬度位置影响非常大,因此新疆设施农业发展较缓慢,日光温室存在冬季低温高湿、冻害常发、抵御灾害能力弱、越冬生产难等问题。

表8.1 新疆部分地区自然环境、地理气象信息采集表

参数	和田地区	喀什地区	阿克苏地区	吐鲁番市	昌吉州	塔城地区
地理纬度	37°07′	39°31′	39°30′～41°27′	42.9°	44.09°	46°45′
经度	79°56′	76°	80°16′	89.2°	87.58°	82°58′
冬至日太阳高度角	29°15′	27°30′	27°05′～25°08′	23°29′	22°24′	19°51′
年日照时数	2 500～3 500	2 700	2 670～3 022	3 000	2 932.7	2 800～3 000
极端最低气温	－21℃	－18℃	－28℃	－21℃	－37.0℃	－43℃
1月的平均气温	－7℃	－5.5℃	－6.3℃	－7.3℃	－12℃	－11℃
年平均气温	13.6℃	11.5～11.7℃	7.9～13.7℃	13.9℃	6.6℃	9.2℃
10℃以上的积温	4 200℃	4 200℃	3 800～4 200℃	5 391.3℃	3 572.8℃	3 500℃
气候特征	暖温带干旱荒漠气候	暖温带大陆性干旱气候	暖温带干旱气候	暖温带干旱荒漠气候	温带大陆性干旱气候	温带干旱和半旱气候
冻土层深度	67 cm	66 cm	78 cm	83 cm	100 cm	160 cm

南疆地区位于北纬36°～41°之间,冬季温暖少雪,天气晴朗,一月平均气温－6～－9℃,年均低于0℃的时间为100 d以上,低于－10℃的时间仅为35～40 d,无霜期200～248 d,日照时间长,受低温危害概率低,无需或仅需少量补充热能即可进行冬季生产,成本低,对环境无污染,是新疆最适宜进行反季节瓜果蔬菜栽培的区域,尤其适合于日光温室喜温果菜的春提早、秋延晚瓜果蔬菜生产[1]。南疆发展设施农业高效合理利用土地,有效缓解人多地少的矛盾,把设施农业作为农

民持续稳定增收的六大产业之一，大力发展。北疆地区位于北纬42°～48°之间，夏季凉爽，冬季寒冷，一月平均气温－12～－19℃，年均低于0℃的时间为165 d以上，低于－10℃的时间为84～91 d，受低温危害的概率增高，发展设施农业的成本较高，但是总体光照好，只要对温室构造加以改造，墙体、保温被的保温效果相应提高，就可以满足春提早、秋延晚反季节生产的需要[2]，适合于日光温室果菜和叶菜春秋茬生产[3]。

二、需要破解的突出问题及原因分析

设施农业已逐步由零星分散种植向集中连片发展，规模不断扩大；已由一茬种植向春提早、秋延迟、深冬茬转变，效益不断提高，设施农业展现出快速、高效的良好发展势头，但也存在一些较为突出的问题。

（一）设施生产水平低，附属设施不配套，环境调控能力差

由于技术和经济的原因，设施农业采用的是低投入、低能耗的技术体系。温室结构简易，抗御自然灾害能力差，温室的水、电、保温和机械等设施条件配套不完善。日光温室没有按照标准化建设，造成日光温室保温蓄热能力差，设施内环境因子的综合调控能力弱，无法进行深冬生产，影响温室生产效益[4]。

（二）缺乏必要的育苗基地，幼苗质量差

设施蔬菜育苗是设施栽培中复杂而重要的环节，育苗质量的优劣直接关系到蔬菜的生长发育、产量和质量，也是蔬菜早熟、高产、高效、优质的有效调控手段。近年来各县市筹措各方资金，建立自已的育苗基地，推广了集约化育苗技术，由于生产中集约化育苗缺乏统一规划，运行机制不完善，严重制约着设施蔬菜效益的提高。

（三）种植品种单一，连作障碍严重，良种覆盖率不高，不能形成规模化生产

栽培品种比较单一，在多年连作以后造成土壤中养分的比例失调，导致病菌大量繁殖，造成土传病害严重和土壤营养元素平衡被破坏，农户只重视氮、磷、钾大量元素的施用，忽视有机肥和微量元素的施用，出现生理性病害。由于经济、认知等方面的原因，尚未根据市场需要，选用高产优质的蔬菜良种，特别是对设施蔬菜专用品种使用重视不够，因此产量和品质始终在低水平上徘徊，优良品种没能在生产上大量推广应用。

（四）蔬菜周年生产布局难度大，农产品储藏保鲜、冷链物流能力不足

全地区设施蔬菜生产主要是春提早、秋延晚。冬季极端温度低，持续时间长，进行设施栽培番茄、辣椒、黄瓜等喜温蔬菜的风险很大，即使进行叶菜类生产，成本高，产量低，从业农民从茬口安排上逐渐避开深冬生产，淡旺季明显，远达不到周年生产、均衡供应，在市场最需要反季节蔬菜的时期，生产基地不能稳定供应相应的产品。设施农业生产基地生产的都是鲜活农产品，保鲜库配套设施不齐全，加之闭关现象时有发生，价格波动较大，致使农户的蔬菜长期存放而腐烂，浪费和损失严重。

（五）严重缺乏具有实际经验的专业人员和劳动力，导致各地发展水平不平衡

设施农业技术服务人员匮乏，技术人员的紧缺严重影响技术到位率、服务质量和示范带动覆盖面，导致生产者在技术水平上形成极大差距，造成发展不平衡，设施农业高产高效典型与低产负效典型形成巨大反差。虽然各地通过多种方式培训技术人员，但由于引进技术人员的不稳定性以及培养当地设施农业技术人才需要有一定的周期等

原因，导致目前懂技术、会管理蔬菜大棚的农业技术人才还远不能满足设施农业发展的需要。

(六)项目资金紧缺，缺少项目的示范带动

项目资金的紧缺也是影响地区技术推广和设施农业平衡发展的一个重要因素。通过项目资金的扶持不但能解决栽培管理和引进优良品种问题，而且还能通过项目的示范带动作用，让种植户亲眼看到先进管理技术和优良品种的增效作用，扩大栽培技术的覆盖面，提高技术到位率，培养出一批稳定的技术队伍和菜农是当务之急。

(七)设施农业产后服务滞后，市场体系不健全，蔬菜销售困难，自产自销的传统方式不能充分保障菜农的利益和积极性

目前，设施农业管理仍处于以户或棚为单元的分散管理方式，销售渠道单一，虽然有一些农业蔬菜合作组织，但是运转正常合作组织所占比例较小；而能涉入设施农业领域且为其服务的龙头企业数量更少。这就形成了目前设施农业从生产到产品销售还主要依靠农民自产自销的状态。在蔬菜集中上市时期价格跌幅较大，而在农产品紧缺时，农民没有蔬菜销售，设施农业对农民增收作用大打折扣。

三、典型经验及示范意义

喀什地区岳普湖县长期以来就有种植大白菜、莲花白、恰玛古等的习惯。20 世纪末在农业结构调整中，该县设施蔬菜产业有了长足的发展，初始建设的为竹木结构日光温室，2010 年以后逐步对竹木结构温室进行了升级改造，改建为钢架日光温室。目前，全县设施蔬菜面积达 133.4 万 m^2，建成了以番茄、茄子、黄瓜、西甜瓜等特色品种为主的日光温室示范基地 10 个、383 座，建设面积 66.7 万 m^2。其中，建成现代化智能温室 1 座，建设面积 0.667 万 m^2；建成大拱棚瓜菜示范基地 2 个，共计 228 座，建设面积 13.34 万 m^2；简易小拱棚 53.33 万 m^2。岳普湖县日

光温室主要有越冬茬和秋延迟接早春茬 2 种栽培模式，分别占 20%、80%。秋延迟蔬菜栽培以根菜、叶菜类为主，早春茬蔬菜以西甜瓜栽培模式为主，越冬蔬菜以西红柿、茄子、辣椒等为主；早春拱棚蔬菜栽培以西甜瓜为主，配合西红柿、辣椒、茄子、豇豆等蔬菜。温室利用率为 71.5%，其中育苗占 12.04%、西红柿占 7.66%、辣椒占 8.03%、茄子占 1.82%、黄瓜占 1.46%、豇豆占 17.15%、叶菜类占 17.88%、南葫瓜占 1.09%、西甜瓜占 9.85%、葱蒜类占 3.65%、根菜类占 2.55%、桃和葡萄占 8.76%、其他占 5.11%。

塔城市以二工镇万亩绿色蔬菜出口基地为重点[5]，瞄准哈萨克斯坦市场，以用力公司为代表的出口企业建立冷链系统，实行商品化处理、运输、销售全程冷藏保鲜，按照蔬菜等级标准，统一进行分级，现塔城市已为地产蔬菜注册了“巴克图”系列公用蔬菜商标，创建出口食品农产品质量安全示范区蔬菜基地，全部通过了国家良好操作农业规范（GAP）认证和自治区检验检疫局出口基地备案，塔城果蔬产品在哈国及周边城市知名度不断提高。大力发展设施农业园区建设，按照无公害、绿色食品的发展方向，重点加强早春蔬菜、秋延蔬菜的发展力度，逐步提高蔬菜产量和品质，提升市场竞争力，对蔬菜产业由传统生产方式向现代农业转变起到积极的推动作用。万亩设施蔬菜基地以及其他乡镇的 6 个设施农业标准化核心示范区的面积加起来，达到 1.5 万亩，共有 7 000 多座温室大棚[6]，已被国家质检总局认定为“国家级出口食品农产品质量安全示范区”。温室基地以西十几千米的地方，就是巴克图口岸，让边贸和发展当地经济紧密联系起来。

四、建议采取的解决问题措施及预期效果

（一）探索设施农业生产机制创新，促进设施农业提质增效

设施农业发展应鼓励企业化、专业化生产经营，推动规模经济，使优质高效企业能够扩大生产规模，复制高效经营模式，传播先进生产

技术和经验。在稳定现有高效设施生产资源的基础上，促进低效设施农业生产的有序流转，使设施农业经营主体向效益好、懂经营、技术强的农业生产企业、合作社和种植大户集中；鼓励专业化设施农产品销售企业和个体经营户的发展，充分利用销售地区的基础设施优势，借助现代物流运输的方便快捷，使设施农产品生产、收购、运输、销售有效衔接，快速运转。建立采摘观光生产模式，推广“政府＋企业＋农民合作社＋基地”新型经营模式，在促进现有设施农业提质增效，机制创新的基础上，稳步扩大设施农业生产规模，发挥各地区得天独厚的气候优势和区位优势。吸引农户成为农业工人，接受培训，提高技能，丰富经验，使企业生产得到发展，农业工人增加收入，经验技术得到传播，有效促进地区设施农业生产的发展。

（二）完善废旧日光温室改造升级，推广高效设施保温增温技术，提高设施深冬生产能力

南疆地区适度发展标准拱棚、双膜小拱棚等低成本轻简化设施，提高设施蔬菜的深冬生产能力对提高设施生产效益，解决居民冬季蔬菜供应，促进出口具有重要意义。目前根据国家环保要求，可积极发展风电、太阳能和空气源热泵等新型设施增温技术。新技术的示范推广应用对高效环保节能地解决冬季设施生产问题也将起到非常有益的探索创新、引领示范作用。做好旧温室的结构、设备维护，有条件的通过改造升级，提高温室的保温蓄热性能和作物产量品质，充分挖掘现有温室生产潜力，盘活闲置资源，以较低成本实现设施农业提质增效。发展成本低、适应性强、能利用当地建筑材料建设的拱棚等低成本设施，大力开展春提早、秋延晚乃至深冬茬设施农业生产，满足各地区及区域外反季节蔬菜需求；调动广大农民的积极性，使新型农业与小农生产、庭院经济相结合，让农民由冬闲变冬忙，增加农民收入。

(三)加强设施农业育苗基地建设,发展集约化统一育苗,切实提高育苗质量

将设施农业育苗基地建设作为推进设施农业发展的重要组成部分,加强资金扶持,与设施农业建设同步,做好配套育苗基地建设[7]。根据各地设施农业发展规模和程度不同,积极探索设施农业专业化育苗基地的组织和管理方法,发挥育苗基地集约化、规模化优势,降低农户劳动强度和育苗成本。选用优良品种,保证种子质量,科学制定播种时间,加强育苗管理,综合防治苗期病害,保证培育壮苗。

(四)因地制宜做"一园一品""一村一品"规模化生产

在稳定现有高效设施生产资源的基础上,促进低效设施农业生产的有序流转,使设施农业经营主体向效益好、懂经营、技术强的农业生产企业、合作社和种植大户集中。改变作物品种多、乱、混的问题,根据当地实际情况、市场需求,合理安排茬口、选用优良品种,做到"一园一品""一村一品",实现订单农业,形成规模化生产,降低生产和销售成本。

(五)完善窖藏、保鲜库等冬储方式及冷链物流,提高果蔬售前保鲜能力,加强农产品质量安全体系的建立和运行

地区及各县市整合行政管理和检测资源,尽快完善农产品检测机构,通过资质认证,使检测工作常态化。同时建立农产品质量安全追溯体系,尽快做到对农产品从基地到货架的全程跟踪监管,确保地区农产品特别是新鲜果蔬的质量安全[8]。充分发展现代冷链物流技术服务和窖藏、保鲜库等冬储方式是设施农业发展不可忽视的重要一环,建立冷链系统,按照蔬菜等级,实现商品化处理、运输、销售全程冷藏保鲜。冬季内地蔬菜借助高效的储运物流服务,对本地区蔬菜生产冲击很大,可以借鉴内地高效专业的保鲜储运销售模式。

五、政策改革建议

(一)制定和实施切实可行的扶持优惠政策,加大对设施农业的投资和扶持力度

建立设施农业发展基金。每年安排一定的资金,作为设施农业发展基金,专门用于基地基础设施配套建设、贷款贴息、技术培训、外请技工、集中育苗以及建设、生产过程中的其他补助。避免全面推进,补偿水平较低的方式,而应集中现有资金,集中扶持有积极性、有种植技术的企业和农户。重点给予设施农业质量检测、设施农业技术培训、设施农业销售合作组织发展等方面一定的资金扶持,尽快解决农民在种植和销售中急需解决的问题。

(二)加强科技人员配备,加大从业农民技术培训,强化人才服务队伍建设,充实设施农业技术力量

新疆各地区是一个以农户家庭经营为基础,农业人口占多数的边远贫困地区;农民对设施蔬菜的认知程度和设施农业整体生产水平不高,掌握和运用设施农业新技术、新装备有个过程。培训地县乡各级设施农业专业技术人员、农民和农民经纪人,形成一定规模的以本地技术人员和技术农民为主体的设施农业技术推广及高效生产的技术力量,特别是建立一支优秀的少数民族技术人才队伍。加大设施农业技术培训力度,强化人才服务队伍建设,严格按照农业农村部蔬菜标准园的建设标准,以无公害为最低要求,以绿色食品为发展方向,逐步提高蔬菜产量和品质,打造品牌,提高市场竞争力,推动蔬菜产业由传统生产方式向现代农业转变[9]。

(三)推广"政府+企业(农民合作社)+农民+基地+信息平台"的经营模式,构建市场供需网络,建立规模化高效设施农业示范基地,建设设施农业综合技术示范推广和产业化服务体系

在设施农业主产区建立具代表性的规模化和标准化高效设施农业示范基地,集成示范各项设施农业工程及高效栽培技术研究成果,充分发挥示范园区的示范引领作用,使之成为设施农业建设和管理的标准点、试验点、示范点和样板点[10]。强化设施农业产业化服务体系建设,健全组织机构,并打造特色农产品品牌,培育优秀的农民经纪人,增强农产品市场的竞争力,全面推广设施农业安全、优质、高效生产技术体系和标准体系,集中展示设施农业新技术、新成果,建立区域性生态设施农业规范化发展样板,辐射带动各地区设施农业向标准化、规模化、规范化、机械化和无害化的模式发展,逐步向绿色生态型、节能环保型和经济高效型的现代设施农业发展。

执笔人:王国强、李胜、马月虹、刘娜

参考文献:

[1]王春华,吴奇峰,周英,等. 新疆气候特征对设施农业布局的影响[J]. 黑龙江农业科学,2013(11):58-64.

[2]焦娟,魏珉,李岩,等. 我国设施环境及调控技术研究进展[J]. 山东农业科学,2018,50(7):167-172.

[3]王浩,马月虹,杨关勇,等. 新疆设施农业区域布局及其生产功能区划研究[J]. 新疆农业科学,2014,51(12):2328-2337.

[4]买合木提·肉孜,阿里木江·赛丁. 喀什地区设施农业发展现状、存在的问题及对策[J]. 温室园艺,2014(12):12—16.

[5]吴乐天,孙小丽,马彩雯. 新疆设施农业发展现状[J]. 农业工程技术,2018(16):14-21.

[6]新疆塔城市外向型设施农业"领跑"新疆[J]. 农业工程技术,

2014(1):81.

[7]田丽美．加快农业园区建设提升农业现代化水平[J]．基层农技推广,2017(7):67-68.

[8]叶崇文,段茂春,徐娥．设施农业发展现状及对策探讨[J]．湖北农业科学,2017,56(22):4386-4390.

[9]吐尔逊·克衣木,热比古丽·牙生．新疆设施农业推广的问题及对策探究[J]．现代园艺,2017(20):212.

[10]马志艳．基于新疆设施农业发展现状的分析[J]．农业与技术,2015,35(1):199-200.

第九章　新疆农产品加工业专题调研报告

一、发展水平及现状评估

(一)全区农产品加工业稳中有进、稳中向好

2017年新疆各类企业达到13 598个(规模以上876个),实现总产值1 960.04亿元,增加值449.85亿元,上缴税金27.47亿元,从业人员31.26万人[1]。自治区级以上农业产业化重点龙头企业达到509家(国资控股企业52家),国家级重点龙头企业32家[2]。农产品产地初加工惠民工程建设成效显著,建成各类初加工设施12 638座,将果蔬产后损失率由30%减少到10%左右,项目收益达50亿元,带动47.92万农民增收。农产品加工转化率由2010年的1∶0.45提高到1∶0.62。

(二)产业化经营实现新提升

各类经营组织达13 871个,涵盖种植业、畜牧业、水产业、林特产业等行业,涉及粮、棉、油、糖、瓜、果、菜、蛋、奶、肉、皮、毛、绒、禽及市场物流等领域。农户从事农业产业化经营增收总额25.13亿元,订单

带动农户达到 236 万户，订单总额 460.9 亿元。20％左右的产业化组织通过利润返还、按股分红等方式，让更多农民分享收益。培育自治区农业产业化园区 43 个，入驻企业 1 000 余家，吸纳农村富余劳动力 11.4 万余人。国家农业产业化示范基地 5 个，集聚各类龙头企业百余家，销售收入近 250 亿元。基地内龙头企业原料订单采购比例均超过 50％，参与产业化经营的农民人均纯收入高于当地平均水平。

（三）科技支撑能力逐步提升

不断加大标准化建设和技术创新能力建设，保障了农产品质量安全。共制定地方标准 574 项，有效期内“三品一标”产品总数达到 1 184 个，其中无公害农产品 781 个，绿色食品 277 个，有机食品 69 个，登记保护农产品地理标志 57 个。有 3 个国家级农产品加工技术研发中心，有研发机构的农产品加工企业近 200 家，拥有发明专利 400 个以上，国家和自治区认定的高新科技企业超过 30 家。龙头企业科技研发投入 1.3 亿元，拥有技术研发人员 1 625 人，技术推广人员 4 007 人，龙头企业质检、认证、检疫等方面投入 2 748 万元。309 家龙头企业建有专门的质检机构，297 家企业获得了 ISO9000、HACCP、GMP 等质量体系认证。

（四）市场开拓迈出重要步伐

物流配送及冷链物流体系日趋完善，有农产品批发市场 189 个（配备冷库的 68 个），农产品交易市场 96 个，农家店 5 454 个、物流配送中心 61 个、乡镇商贸中心 18 个，现有冷藏、冷冻库容量约 210 万 t。在北京、上海、广州、武汉、长春、成都建立新疆农产品展示直销中心，平均每年举办或参加涉农展会超过 30 个、签约金额 550 多亿元，其中自治区人民政府主办的“五大展会”年均签约金额超过 420 亿元、展会现场销售金额年均超过 3 300 万元。在区外建立的新疆农产品销售网点达到 1.37 万个，同周边国家开通 4 个口岸的农产品快速通关“绿色通道”。

二、需要破解的突出问题及原因分析

新疆农产品加工业依然呈现典型的“小、散、弱”特征，产业链、供应链、价值链不健全。规模化龙头企业少，生产经营方式粗放、产业化经营水平不高，带动上下游行业的作用不强。农产品加工依然以初加工为主，加工层次浅、产品同质化，初级产品产销不对称，缺少多层次、多样化、高附加值的产品，结构性供过于求的矛盾日益突出。

(一)农业产业结构有待进一步优化提升

种植业中粮食、棉花占比过高，粮棉等主要农产品阶段性过剩。2016年，全疆粮食和棉花播种面积占农作物和特色农产品播种总面积的72.8%，林果种植面积是农作物种植面积的23.8%，牧、渔业所占比例较小。粮食生产结构性矛盾突出，以小麦为主的部分粮食产能相对过剩，市场小麦价格维持较低水平[3]，而水稻、油料作物供不应求。粮食品种单一，2017年我国市场紧缺的优质强筋和弱筋小麦面积占27.5%，比2016年提高2.8个百分点；而新疆小麦大多为中筋型，优质专用小麦少，难以满足高品质食品加工需要。此外，新疆粮食种植成本也偏高，小麦三等至一等的收购价为2.36～2.44元/kg；而口岸进口小麦及混合麦(配额内)的同期到岸均价约1 300元/t，明显低于国内价格。棉花次宜棉区、风险棉区产量、品质、效益不高，部分棉农种植收益主要靠国家政策支持，用于纺织中高支纱的“双30”以上棉花产品紧缺。以粮食、棉花为主的主要农产品产能相对过剩。

特色林果业种植面积快速递增，但栽培品种结构不合理，生产管理较粗放，优质果品率低。林果业基地低产改造并全部进入丰产期后，将有很大的增产空间，但生产资源消耗、产品转化销售的上行压力也必然更大；结构性供过于求的矛盾日益突出，不仅有总量的相对过剩，也有品种单一、产品同质化的问题。不同果品种植效益相差很大，红枣等个别林果相对过剩，出现亏损。果品的品牌小而杂、加工转化能力不强，分级、加工产品少，缺乏具有品牌影响力的中高端产品。南疆地区林果产品的加工依然以初加工为主，加工层次浅，产品同质化、多为干坚原果，缺少多层次、多样化、高附加值的产品。企业的初级产品满足市场的需求有限、竞争力弱，与终端消费对原料型产品的需求下降，对便捷、营养的多样化食品和功效型加工产品日益增强的需求，存在典型的不平衡、不充分矛盾。急需建立区域公用品牌"三品一标"的质量和品质标准，解决农产品品牌弱的问题。

(二)农产品加工业总量小，龙头企业带动能力差

新疆的健康、生态、绿色农业资源丰富，但农产品加工总量小、加工水平低是导致新疆农业产业化水平低、效益低的主要短板。全区已形成了粮食、棉花、畜牧、林果、设施农业、特色农业六大基地的规模化种植与区域化布局，但农产品加工转化率同比全国平均水平偏低约15％以上，加工业营收 2 000 亿元，仅占全国 19 万亿元总营收的1.05％。加工产能低，产后环节与农业产前、产中明显脱节，存在供给侧规模结构的不对称；农产品加工产值与一产的产值比明显偏低、仅为 0.62∶1，只有全国平均水平的 28.3％[4]；产业链和供应链短，农产品以初加工为主，大多属于低端产品的简易清理和包装，甚至没有分级分选，产品附加值和增值率低。

农业产业化的关键还在发展龙头企业，需要市场牵龙头、龙头带动基地、基地连农户基本组织形式，实现生产、加工、销售、服务的专业化、商品化和社会化。我区的产业化龙头加工企业少，生产经营方式粗放、产业化经营水平不高，带动上下游行业的作用不强。农产品加工加工层次浅、产品同质化，缺少多层次、多样化、高附加值的产品，结构性供过于求的矛盾日益突出。

(三)南北疆加工业水平差距显著

区域内南疆和北疆的加工业水平差距明显，南疆地区的农产品加工率约 30％，加工产值与一产的产值比为 0.2∶1[5]，处于新疆 2010

年的平均水平[6]；而北疆产品加工率约60%以上，加工产值与一产的产值比为0.65∶1；全疆的农业产业化经营组织中，北疆约有9 200个，南疆约有4 200个（是北疆数量的45.7%）；自治区级以上农业产业化重点龙头企业中，北疆占300家，南疆209家（占比约41.1%），但南疆企业的营收额仅有151亿元，仅占全疆农产品加工营收总额的7.6%。有部门指出，新疆加工业规模不合理，与行政管理体制矛盾有关，产业从上到下由多个部门分头管理，完整的产业链条被部门人为分割，造成产前、产中、产后脱节[2]。

（四）涉农财政资金投入不足，加工企业发展融资难

涉农财政项目资金由最高时期的近8 000万元削减至2018年的2 500万元，难以满足新时代农业产业化发展需要。项目资金面广而散，尚未对优势产业的龙头企业进行有效扶持，没有达到扶优扶强的目标。超过90%的被调研企业反映融资和贷款难。加工业一季收购、三季加工，采购原料现金结算，流动资金占比大，普遍遇到“有买原料的钱就没生产的钱”的困难，而且销售压账、回款慢。因农业市场风险高，银行对农企抵押贷款门槛高，收购资金贷款难，申请和审批程序复杂，周期较长。土地使用证、林权证、厂房、设备等抵押的折价低，而担保、评估费、保险费、公证费又增加了融资成本。农牧业用地性质不明确，无法抵押二次融资。农村产权公开交易市场不健全、农村产权评估机构少，确权难、登记难、评估难、流转难的问题客观存在，尚未健全农用土地承包经营权（林权证）抵押登记和评估认定体系。民族贸易企业和民族特需商品生产企业贷款财政贴息需要出台资金管理办法后实施。

（五）企业发展成本高、负担重

企业在税收、用地、用水用电及金融等方面的政策支持力度不够，企业生产成本高、负担重。包括300元的政府规费（水费250元/亩+50元/亩土地租赁金）偏高、基地生产的负担重；企业生产的燃动成本高，在

煤改电、煤改气后，清洁能源的成本增加，应参照纺织企业的用电标准减负；加工企业税负难降，进项税为13%、销项税为17%，高征低扣、有4个点不能抵扣，而且所得税、房产税税负依然较高。新疆人员招聘困难、流动性大、反复培训的成本高，疆内劳动力成本人均5 000元/月，远高于内地省区。南疆用工大部分是农业户口，有农保；城乡接合部的有低保，但存在企业重复交社保问题。

（六）市场服务化能力不强，企业开拓农产品市场难

新疆农产品产地批发市场建设不足，批发市场信息化建设滞后，仓储、运输和配送环节仍以人工为主，不能优化调度和有效配置。同时，新疆的批发市场建设比较落后，传统的交易方式无法适应价格快速变化的市场。当前电子商务、“互联网＋”及各种会展招商的投资大，营销渠道建设、品牌推广、电商平台建设和运营成本都非常高，仅靠企业投入品牌发展见效慢。援疆作用发挥不充分，打造的“十城百店”工程、“新疆库车馆”等特色经营网点初见成效，但援疆省市已建成的销售网点只销售对口县（市）新疆农产品，二、三线城市和其他内地城市的销售网点建设布局不足，辐射面和规模有待进一步提高。需进一步充分发挥19个对口援疆省市力量，组织疆内农产品加工企业走出去、走进去、走上去。

（七）物流运距远，农产品配送成本高

基于铁路、公路、航空混联物流的现代冷链体系建设滞后，物流集散站点不连贯、不通畅，缺乏有效的配送信息管理，物流配送时效性低、营运成本畸高；缺少成本低、社会化程度高的规模化第三方物流介入，制约产品市场开拓能力提升。农产品线下、线上的运输、配送成本远远高于内地其他省份。除棉花外的加工农产品没有运输补贴，物流运费和仓储成本高；而易腐和保质期短的生鲜和乳制品通过航空或冷链配送，出疆后产品价格竞争力明显下降。即使是新疆的干坚果运输成本也都很高，南疆地区加工的红枣、核桃等产品运往上海市场销售，

仅运营费用就占到产品销售价格的38%，远高于15%左右的行业平均水平。

（八）生鲜农产品冷链物流体系建设滞后

目前，新疆冷链物流的发展还仅仅停留在运输与冷藏环节的初级阶段，具有现代化冷藏设施的冷链物流系统比较稀缺。多数生鲜农产品主要以常温和自然形态物流为主，损耗严重，生鲜瓜果保鲜量不到10%，远低于全国19%的平均水平[7]。全疆冷链物流总量不足，各类冷库储藏能力虽有210万t，但仅占全国冷库总容量2 800万t的7.14%，冷库的功能性结构配置并不合理，分布区域性不均衡。新疆是国内农产品的始发产地，但目前冷库总体依然以大型存储性冷库为主，产地预冷型短储库和流通冷库少。预冷环节缺失，运输、仓储、配送等各个环节不衔接，冷链不仅“断链”，而且在产地“断头”。缺少针对性强的冷链保鲜标准化、体系化的技术和专用产品，造成新疆生鲜果蔬集中上市损失率达20%～30%。

（九）产地加工组织化生产协作不连续

产地贮运加工的生产环节之间缺少连续衔接、完整配套的装备和技术。原料采收后，缺少必要的分级分选和加工品质的过程控制技术与装备，加工原料和产品的食用品质、卫生安全性缺乏保障。县、乡两级的电子商务中心和乡级网点和加工企业、合作社，缺乏紧密的产销对接。小而分散的农民与合作社，不仅没有延伸加工层次的设施条件和资金，也缺乏规范有力的组织生产力和转化销售能力，无法深度参与到利益链中。

（十）科企合作程度低，科技提升生产水平效果不明显、缺乏专业技术人才

南疆地区加工企业和全疆以及全国的科技院校合作缺少桥梁和纽带。需要引导企业增加科技投入，鼓励企业与科研院校加强合作，

提升企业的技术创新能力和技术水平。农产品加工企业专业技术人才匮乏,企业和科技院校合作缺乏有效联系,科技成果转化和企业技术需求对接通道不畅,企业对开发深层次农产品的方向和种类把握不清等。

三、典型经验及示范意义

(一)特色农产品基地的优势突出

农业产业化的有效带动,既加速了新疆以棉花生产和加工为主的优势产业的成熟,又推进了以番茄、红花、甜菜、香梨、葡萄、杏、石榴、大麦、啤酒花、芳香植物以及乳制品、毛纺等一批在国内外市场占有一定份额的区域性特色农产品加工产业的形成与发展,初步建成了一批上档次、有规模、潜力大、前景好,并跻身全国水平的优质农产品生产基地。优势产业与特色农产品基地的初步建立,为农业产业化快速发展提供了强有力的保证。北疆以畜牧产品和特色农产品精加工为主,南疆以特色林果产品为主。尤其值得一提的是,新疆蓬勃发展的林果业吸引了区内外众多企业前来投资林果贮藏保鲜以及精深加工,拉长产业链,提高附加值。

塔城地区小麦加工以额敏新天骏、塔城储绿、沙湾天宝为龙头;玉米重点以额敏绿乡、乌苏天玉、艾瑞特为龙头,企业与合作社形成供给加工有机整体,组建了小麦、玉米社企联盟,形成了企业订单收购机制,打造了塔城地区绿色小麦面粉的品牌,落实了小麦供给侧结构性改革试点工作任务,并取得明显成效。地区现有棉花加工企业 115 家,营业收入 96 345 万元、劳动者发放报酬 25 899 万元。粮油及特色农业加工企业 106 家,营业收入 47 876 万元、劳动者发放报酬 17 854 万元。特色林果加工企业 15 家,营业收入 76 805 万元、劳动者发放报酬 2 588 万元;畜牧产品加工企业 28 家,营业收入 38 585 万元、劳动者发放报酬 3 003 万元。特色农产品加工“一地一特”的产业格局已经成为带动塔城地区“一产上水平”农业提质增效的助推器。

（二）产业发展动力不断转变和提升

在发展动力上，向行政推动和市场拉动相结合方向转变。在加大政府扶持的同时，注重发挥市场配置资源的决定性作用，坚持以市场为导向，充分发挥政府规划引导作用，加快调整农业种植结构、产品结构。适时将工作重点向市场开拓转型，启动新疆农产品外销平台建设，助推特色农产品走上国内市场。在投融资结构优化方面，基本形成以财政投入为导向，民间资本、工商资本、外商资本投入为主体，金融资本为重要支撑的多元化投入格局。

（三）资源配置、增长方式科学转变，经营领域发散延伸

结合优势区域布局发展农业产业化经营，引导相关县域形成上下游衔接产业链和优势企业群体。围绕自治区棉花、粮食、林果、畜牧、设施农业和区域特色农业基地建设，做到区域化布局、专业化生产，社会化服务、集约化经营。在增长方式上，向集约式经营方向转变。农产品加工科技创新能力逐步增强，农产品加工企业中研发机构、研发人员、研发投入逐年提高。更加注重农产品质量安全，采用国际标准、改进设备、加强检测，规范建设标准化生产基地。推动实施区域品牌战略，新疆棉花、吐鲁番葡萄、哈密瓜、库尔勒香梨、阿克苏苹果等一批“地理标志”农产品享誉全国、走向世界，红枣、核桃、巴旦木等一批主导产业品牌在全国市场的知名度不断提升。单一生产环节上的联合经营开始向科研、推广、服务等专业化经营方式探索。以种植业为主要经营范围，向林、牧、副、渔各业的综合经营方式发展。由生产领域内的经营活动，向配送、流通、消费等领域延伸。

深加工企业的生产流程多、工艺梯次多，集中生产时委托乡、村两级的“卫星工厂”和家庭工厂带动农民初加工原料。晨光生物科技集团英吉沙有限公司主营天然生物色素精深加工，年产天然色素 2 180 t、脱酚棉籽蛋白 5 万 t、精炼棉籽油 2 万 t。企业带动岳普湖县周边 20 万亩

棉花和莎车县2万亩万寿菊的种植。新疆美嘉食品饮料有限公司，依托叶城县12个“卫星工厂”和30多个家庭工厂提供核桃原料初选、脱皮、去核、干制的初加工服务，再由企业统收制备蛋白乳饮、蛋白粉、油品等深加工产品，企业年均加工核桃5 000 t，带动人工600人以上。

(四)依托龙头带动加工产业，产业聚集度不断提高

培育龙头企业作为推进农业产业化的重要手段，加大投入力度，加强政策引导。支持农产品加工骨干企业实行优质农产品基地建设、科研开发、生产加工、营销服务一体化经营。重点培植一批有自主知识产权、产业关联度大、带动能力强、有国际竞争力的大中型农产品加工龙头企业。鼓励农产品加工骨干企业与大专院校、科研院所联合组建技术研究与开发中心。支持农产品加工龙头企业引进国外资金、技术和管理经验，提高农产品加工水平，增强农产品加工制品国际市场竞争力。全区把发展乡镇工业园作为引导结构调整，推动农产品加工业的一项主要措施，乡镇企业农产品加工呈现良性发展态势。目前，伊犁、塔城等地州通过发展乡镇企业工业园区，建成了一批规模不等的加工企业集群，显著提高了农产品加工产业聚集度。裕民县围绕红花产品开发为支撑的农产品精深加工业，已初步形成以企业为龙头的红花种植加工产业链。红花籽油产品的加工转化率为10%～25%，红花黄色素产品的加工转化率为9%左右。带动种植面积30万亩，农牧民人均收入的30%来自红花产业。

(五)优质企业推动利益联结，带动专业合作社和农民增收

天山牧歌农业科技有限公司在英吉沙县、伽师县、麦盖提县建有35个专业合作社，对5个不同县乡、不同品种的6 400亩果园，采取既集中、又分散的方式标准化管理。通过流转合作社农民的土地方式逐一连片统一管理果园；对其余无法流转土地、地权极为分散、农户数量多的果园，以果树为单位、通过“果树托管”的方式汇集成园按标准化技术管理，同时鼓励流转土地和“托管果树”的农民积极加入专业合作

社按劳取酬;使用种植、采收分选、贮运的规范化技术,可向长沙、成都、上海和广州市场年均外销鲜杏、西梅、苹果、油蟠桃、樱桃、甜瓜等合计 4 000 t。新疆优乐果农业科技有限公司主营果蔬冻干和烘干制品,联合英吉沙县 64 个专业合作社,通过订单提供保障性收购价格、农资、灾害保险,年均加工转化果蔬 2 万 t 以上,带动英吉沙县和周边县乡 2 000 人增收。英吉沙德源农林科技有限公司成立专业合作社 11 个,为企业工厂加工提供原料收购、分级、干制品分级、杏仁去核等初加工服务,年加工鲜杏 6 000 t 以上,带动农户 3 000 人。

四、三年预期发展目标

2018 年至 2020 年,农业产业化经营水平进一步提升,农业结构布局进一步优化,关键环节核心技术和装备水平进一步升级,促农增收脱贫效果更加突出。

(一)农业产业化经营组织实力稳步提升

到 2020 年,经营组织年均增长 700 个,带动 80%农户进入农业产业化经营领域,培育 4 个产值过 50 亿、20 个产值过 10 亿、280 个产值过亿的农业产业化龙头企业。

(二)农产品精深加工比例明显增加

到 2020 年,全区农产品加工转化率达到 50%,规模以上农产品加工业主营业务收入年均增长 6%以上,农产品加工业与农业总产值比达到 0.8 : 1 以上。

(三)农村产业融合发展总体水平明显提升

到 2020 年,产业链条完整、功能多样、业态丰富、利益联结紧密、产城融合更加协调的新格局基本形成,龙头企业和农户建立紧密型利益联结比例达到 50%,农户从事产业化经营增收总额力争达到 50 亿元。

（四）市场体系建设能力显著提升

到 2020 年，农产品贮藏保鲜和运输配送能力进一步提升，现代营销网络与现代物流体系初步形成，基本确立新疆农产品销售在国内市场的战略优势，在国际市场上形成一定影响，占有一席之地。

（五）区域品牌更具影响力

到 2020 年，推动龙头企业开展各类产品及管理体系认证，80％左右的农业产业化龙头企业通过 ISO、HACCP 等体系认证。打造一批特色农业区域公用品牌、企业品牌和产品品牌，提升我区特色农产品的产品优势、产业优势和竞争优势。

五、建议采取的解决问题措施及预期效果

（一）调优产业结构，突出区域特色

按照“稳粮、优棉、促畜、强果、兴转色”发展思路，调结构、创特色、优布局、补短板，合理布局种植业和农产品加工形成生产与加工、科研与产业、企业与农户衔接配套的上下游产业格局。突出绿色农产品加工产业，促进农产品加工转化、增值增效。走基地化、标准化、规模化和组织化之路。打造区域特色品牌，形成主导产业突出、规模效应明显、组织化程度较高、带动农民增收效果显著、引领现代农业发展的核心区和加工产业集聚区。

（二）提升农产品加工水平和推进品牌建设

在村、镇实施农产品产地初加工适用技术，加大农产品产地采收、清理、分选、预冷、包装的机械化、连续化技术应用；鼓励县、市级农产品加工企业围绕市场和消费升级需求，开展自主技术研发，促进农产品就地加工转化，支持生产高技术含量、高附加值的精深加工产品。

加大相关地标、商标、名牌的宣传政策，集中力量整合优质、特色农产品资源，集中宣传推介名优特及精深加工农产品，成为新疆靓丽名片。推广阿克苏“十城百店”工程项目成功案例，充分发挥援疆省市政府的引导和扶持作用，进一步开拓内地市场。

（三）提升农业产业化龙头企业示范带动能力

扶持加工领域的规模化企业，加快建成深加工企业集群和培育龙头企业，实现产业化组织模式由单个企业带动向集群推动发展。培育发展多元化服务主体，构建新型农业社会化服务新机制。提高种植和加工规模化产能的对称衔接，提高加工转化率和产值。引导龙头企业采取并、重、参股、收购等方式。组建大型企业集团、支持有条件的龙头企业上市融资、增强发展实力。支持有潜力、有条件的中小微企业提升产品研发、精深加工技术水平，提高竞争力。按照“优质化、标准化、规模化”的要求，抓好农产品原料生产基地建设，打造龙头企业的“第一车间”，突出企业在绿色、优质、特色、品牌中的示范带动效益。

（四）加快培育新型经营主体

完善从企业、合作社到农民，从经济、社会到生态的完整利益链，实现产业链的延伸和价值链的提升。以新型农民合作社适度对接市场的消费需求，介入企业生产，承担为规模化深加工提供统筹协作的基层服务。把多部门分散的政策性扶持资源集中投入到合作社，通过合作社内部的资金、技术、设备、分红等入股的方式提高实效。

（五）支持发展农产品加工流通，打造全产业链

加强农产品产地批发市场建设，促进生产、供销、信用“三位一体”综合合作，加快企业科技创新和产业升级，引导农产品加工企业向前端延伸，带动农户建设高标准原料生产基地，向后端延伸建设物流营销和服务网络，确保优质加工资源有效供给。积极推广“十城百店”模式、“农产品示民销＋新疆美食＋民俗歌舞文化”为一体的经营模式。

(六)促进农产品加工产业链融合发展

将农产品加工业纳入“互联网＋现代农业行动”中，培育发展网络化、智能化、精细化现代加工新模式。推动农业一、二、三产深度融合。延伸农业产业链条、开发农业多种功能、发展农业新业态等方面的作用，扶持培育一批一二三产融合发展先导区，促进产业融合发展。

(七)鼓励区域性主食加工业发展

支持区域中心城市近郊发展区城主食、休闲食品、传统食品和净菜加工。开展现代加工技术研发，以传统主食馕为重点，提高馕工业化水平和社会化供应能力。发展抓饭、拉面及干鲜切面等预制主食，馒头及花卷等熟制主食、方便营养主食、配餐菜肴和速冻产品，传承和弘扬新疆区域传统饮食文化。构建高效率的主食配送体系，打造大厨房大餐桌，宣传推介中央厨房模式，加快培育国家级主食工业示范企业，促进现代主食加工业发展。

(八)加强农产品加工副产物综合利用

加强加工副产物的综合循环、全值、梯次利用。大力开展主食加工产品副产物的综合利用；开展果蔬加工附产物的综合利用研究和试点示范；开展番茄、苹果、葡萄籽、核桃皮和分心木等副产物综合利用，不断挖掘农产品加工潜力、提升增值空间。宣传推介农产品加工副产物综合利用典型案例，推动副产物综合利用上水平。

(九)优化发展环境，落实相关优惠政策

各级财政加大对农业生产的扶持力度，整合相关涉农资金特别是农口资金，支持农产品加工流通企业发展，对新型经营主体建设产地初加工设施给予补贴。鼓励银行业金融机构加大信贷支持力度，为农产品生产、收购、加工、流通和仓储等各环节提供多元化金融服务。加大政策性金融机构对农产品加工企业的放贷力度。积极推广小额信

贷保证保险等新型险种,鼓励农业担保与农业产业链加速融合,探索开展农产品质量安全保险。将农产品加工用地列入土地利用总体规划和年度计划,认真落实农产品初加工用地政策,优先安排园区用地。切实保障农产品加工用电供应,降低企业用电价格。降低农产品加工企业用水价格,对农产品加工企业执行工业用水同价政策。

执笔人:潘俨、吴斌

参考文献:

[1]国家统计局新疆调查总队新疆维吾尔自治区统计局．2017 年上半年新疆国民经济运行情况新闻发布稿[Z]．乌鲁木齐,2017.

[2]王英平．新疆农业供给侧结构性改革的着力点[R]．乌鲁木齐:新疆维吾尔自治区发展和改革委员会经济研究院,2017.

[3]李会芳．推进新疆农业供给侧结构性改革面临的主要问题与建议[R]．乌鲁木齐:新疆维吾尔自治区发展和改革委员会经济研究院,2017.

[4]张媛．中国农产品加工业的发展现状和形势预测[Z]．前瞻产业研究院,2016[2018-08-01]. http://www.qianzhan.com/analyst/detail/220/161113-b6fd6be4.html.

[5]新疆维吾尔自治区农产品加工局．南疆农产品加工业工作情况报告[R], 2017.

[6]房世杰,李志宏,任红松,等．新疆特色农产品加工业现状分析及对策研究[J]．农产品加工(学刊),2014(5):51-54.

[7]菁财研究院．冷链物流现状如何?冷链物流发展趋势有哪些?[Z]．菁财资本,2018[2018-08-01]. http://www.360doc.com/content/18/0324/06/4981404_739722173.shtml.

第十章　新疆休闲农业提质增效专题调研报告

一、发展水平及现状评估

(一)新疆休闲农业总体水平

自2010年新疆实施新一轮机构改革,设立了休闲观光农业管理部门以来,休闲农业开始得到发展与完善。同时,编制了《新疆休闲观光农业"十二五"发展规划》[1]及《规划实施纲要》;开展摸底调研,研究制定加快休闲农业发展的产业政策;坚持典型示范,以点带面规范提升休闲农业发展水平;利用财政资金,吸纳社会各方力量积极投资休闲农业;强化培训宣传,扩大休闲农业社会影响力和营销渠道等一系列工作,提高新疆休闲农业的发展水平,并取得一系列的成效。以下从新疆休闲农业的发展阶段、规模、空间布局、类型、发展层次来总结当前新疆休闲农业的发展现状。

新疆休闲农业发展起始于20世纪90年代,最先在乌鲁木齐市及其周边城镇,自发形成以吃农家饭、住农家院、摘农家果、干农家活、看民间歌舞、享受农家乐为主要内容的休闲活动[2]。21世纪初,新疆休闲农业初步形成,但发展仍较慢、较晚[3]。自2010年原农业部与国家旅游局签署推进休闲农业与乡村旅游发展合作框架协议后[4]，新疆相关部门积极响应，新疆的休闲农业开始迅速地发展，到目前为止，形成了“数量提高、质量提档、效益提升”的良好发展局面。

1. 新疆休闲农发展规模水平提高

至2016年，新疆休闲农业经营组织6 050家[5]，比2015年增加了819家，增幅超过15%；从业人员6万人，比2015年增加了3 000人；完成营业收入34.59亿元，同比增长了18.18%，发展迅猛；资产总额达到45亿元，比2015年增加了2.2亿元；年接待1 739万人次，比2015年增加319万人次。到2017年为止，有16个新疆县市(包括兵团)成为全国休闲农业和乡村旅游示范县，共有全国休闲农业和乡村旅游示范点27个(包括兵团)。自治区级别休闲农业与乡村旅游示范县有20个，休闲农业与乡村旅游示范县有183个[5]。全区休闲农业快速增长，成为新疆农牧业发展的新亮点。

2. 新疆休闲农业空间分布较为集中

2010—2017年，新疆地区全国级别休闲农业和乡村旅游示范县集中分布在乌昌地区和伊犁地区。2010—2015年，全国休闲农业和乡村旅游示范点形成两类空间分布类型，一是集中分布在大中城市郊区，较为靠近客源市场、经济发达，如乌鲁木齐、昌吉、库尔勒、克拉玛依等地区；二是集中于景区周边分布，依托旅游区的吸引力和客源市场，吸引顺路游客，如那拉提、吐鲁番等重点景区周边地区。

3. 新疆休闲农业的发展层次逐步提高

全疆休闲农业从早期以吃农家饭、住农家屋、干农家活为主的单一服务型向集养生、保健、文化、教育、康养、娱乐为一体的综合服务导向型拓展。人们对休闲农业的需求呈现出多样化趋势：注重亲身的体验和参与，注重绿色消费，强调文化内涵和科技知识性等。

4. 新疆休闲农业发展类型由单一向多样化转变

早期新疆休闲农业的发展类型较为单一，以农家乐为主题，且是自发形成。发展到现阶段，新疆休闲农业多样化发展逐步成熟，包括观光观赏型、参与体验型、休闲度假型、民俗旅游型、农业科技示范型、特色农业产业型等[6]。休闲农业的功能由单一的观光功能开始拓宽为观光、休闲、娱乐、度假、体验、学习、健康等综合功能。

(二)未来发展趋势

休闲农业和乡村旅游已经成为农业旅游文化“三位一体”、生态同步改善、农村一产、二产、三产深度融合的新产业新业态[7]。未来休闲农业发展模式以多样化和特色化为主要特色，休闲农业“立体式”发展、规模化经营、生态化种植、电脑“自控化”管理、生产组织与服务专业化发展、休闲农业＋农产品加工、休闲农业＋电商、休闲农业＋养老等成为休闲农业未来的发展方向。

(三)与东中部比较

休闲农业是新疆乡村振兴、精准扶贫的重要举措，对促进乡村发展、农业提质增效具有意义。新疆休闲农业在自然景观、民俗风情、农事体验等方面与东中部地区有很大的差异，具体的比较可见表 10.1。

新疆休闲农业发展质量和规模水平仍比较低。以原农业部、国家旅游局认定的全国休闲农业与乡村旅游示范点数量为例，从东、中、西部地域来看[4]，2010—2012 年，东部地区有 127 个，占 42.33%；中部地区 70 个，占 23.33%；西部地区有 103 个，占 34.33%。从省市看，数量最多的是沿海的山东省、浙江省、福建省，各 15 个，占 5%；其次是辽宁省 13 个，占 4.3%，江苏省、四川省、新疆各 12 个，占 4.0%；其后是广西、重庆市、北京市、上海市、湖南省，各 11 个，河南省、云南省、天津市各 10 个，其余均在 10 个以下。

新疆作为我国国土面积最大和农业类型丰富的地区，相对于示范县和示范点的覆盖面来说，休闲农业规模水平仍较低。另外，新疆没有全国级别五星级、四星级及三星级的休闲农业与乡村旅游星级示范点[4]，湖南省、浙江省、河北省及天津市的星级示范点数量最多，分别为 48、30、26 及 22 个。

表 10.1 全国 7 大地区休闲农业发展特色比较[8]

	东北	华北	华中	华南	华东	西南	西北
自然景观	高原、平原、山地类型丰富，山环水绕，冰雪景观	近郊平原绿化，远郊规模农业，山区生态林果	平原、盆地、丘陵、山地，类型丰富	自然山水、热带雨林、温泉资源	长江水体资源、湖岛特色、生态湿地	山地梯田景观、河流纵横	沙漠，草原，山脉，戈壁，绿洲
生产景观	玉米、小麦、水稻田区，林业果树	花卉生产、林业果树、有机蔬菜	果树采摘、水稻种植、观赏蔬菜	果树、副热带花卉及盆栽	鱼虾养殖、茶竹种植	果树花卉、水稻梯田	新疆长绒棉基地；吐鲁番葡萄哈密瓜水果园
人工景观	乡野名居	“DIY”工作坊、创业产业园、科研研发	度假山庄	花卉园艺园	生态农庄、休闲观光农场	旅游度假区	西安唐朝庭院、蒙古包、吐鲁番葡萄民俗村
民俗民风	以哈尔滨为主体的俄罗斯风情；满、蒙、朝、回、鄂伦春等北方少数民族风情；火炕体验、东北民歌东北秧歌、东北二人转等农家风情	皇城文化、城墙遗址、古民居、古文化	湖湘文化、楚湘文化、明清古民居、徽系黑瓦白壁马头墙	热带风光	“鱼米之乡”、江浙文化、水文化、茶乡风情	巴蜀文化、荆楚文化、少数民族文化	少数民族文化、民族服饰

续表 10.1

	东北	华北	华中	华南	华东	西南	西北
农事体验	小麦、水稻种植体验、玉米晾晒体验	农园租赁、教育科普、高科技农业产品展示	现代设施农业展示、教育科普、“明清一条街”	果园采摘、温泉养生、婚纱摄影	渔舟漂流、鱼虾养殖体验、垂钓、采茶体验、竹海徜徉、现代农业科技成果展示	农家乐、赏花采果、主题花节、养殖垂钓	传统耕织机具及家居器物展览、瓜果采摘、坎儿井体验、牧场、农耕器具博物馆
经营方式	企业经营	企业经营；农民自家经营	企业经营；农民自营；政府经营	企业经营	企业经营；村区型发展	企业经营；以村经营	企业经营；农民自家经营
代表园区	辽阳新特现代农业园区、黑龙江省香坊实验农场、大荒现代农业园、吉林市炮台山体育公园	北京小汤山现代农业科技示范园、北京蟹岛绿色生态度假村、蓝调庄园	江西景德镇得雨生态园、湖南岳麓区润泉山庄、武汉市凤翔岛度假村	海南蓝洋农场、广州百万葵园	上海孙桥现代化农业园、杭州传化大地农业科技园、南京江心洲农游示范区	重庆大足荷花山庄、云南玉水寨景区	榆林市神木县陕北民俗文化大观园、克拉玛依市荒漠绿洲生态园

二、需要破解的突出问题及原因分析

新疆的休闲农业存在着小而散的特点[9]，在基础设施、经营管理、环境管理及立足于当地资源的创新设计等方面仍存在着不足。

（一）休闲农业创新力度不足，休闲农业主题单一

农耕文化内涵丰富多样，有“种地、养鱼、摘果子”等农事活动，但休闲农业的内容、形式和服务等相当的雷同。以农家乐为例，新疆大多数农家乐只有“吃农家饭”和“采摘体验”两类活动，其他的诸如与当地文化、民俗等相结合的活动较少，不管是文化挖掘还是资源挖掘都没有深度。莎车县在汇报工作中也提到了当地休闲内容重合、无特色的问题。

（二）休闲农业经营管理不完善

由于地理、历史等多方面原因，新疆休闲农业观光点多分属于不同的行政单位，整体开发和资源优势难以发挥[4]。许多休闲农业旅游区的经营权多被分散的小经营户分割，如沙湾县温泉景区被诸多实力弱小的经营户所分割，管理混乱[4]。新疆休闲农业观光的经营者大多为农民，往往会采用家族式管理模式，经营管理中存在问题，如休闲农业从业人员素质不高、缺乏创新及服务意识，没有形成相应的培训体系，使得整体服务质量较差[10]。

（三）现有的基础设施较难满足迅速增长的游客需要

新疆土地面积有 160 多万 km^2，面积广，新疆公路交通密度居全国各地区前列，但是公路总体等级水平较低，普遍存在路况差、旅游交通耗时长、舒适度低等问题。交通成为制约新疆休闲农业发展的重要因素。另外，休闲农业园区、示范点等基础设施由于投资资金、管理缺

陷等也存在不足。例如，本次调研叶城县、莎车县等，在工作汇报中提到由于资金不足，导致提供休闲活动单一、公共设施简陋等问题。

(四)休闲农业生态环境管理机制不完善

休闲农业生态环境保护不够重视。庄园、果园、农家乐等诸多形式的休闲农业缺乏相关的生态环境管理条例，造成园区环境保护约束力水平较低。例如，休闲农业园内厕所建设和定期清理、游客和工作人员造成的塑料和食物残渣等垃圾、污水处理和排放等问题并没有相关的管理和规范条例，卫生和垃圾污染等问题得不到有效的和及时的解决，从而对环境造成破坏。

三、典型经验及示范意义

(一)沙湾县翠山森林开发模式

沙湾翠山森林公园建设，采用了 20 多种生态、园林绿化、经济林树种类型组成；项目建设中政府通过政策倾斜，引入 18 家企业共同开发森林公园，林家乐、农家乐、林业观光设施建设快速发展，成为区域经济发展新的增长点。启示：政府相关政策支持对发展休闲农业有重要的支撑作用。

(二)麦盖提县休闲农业

麦盖提县休闲农业以“刀郎文化”为主要内涵，大力发展刀郎歌舞表演、刀郎农民画创作、刀郎手工艺品制造、刀郎特色餐饮经营；民俗风情园、农家乐也有 12 家，刀郎农民画已被列入自治区“新疆礼物”名目中，多村通过发展农家乐、休闲农业等乡村旅游项目推进旅游扶贫工作，并试点推行“刀郎乡里休闲观光、示范基地认领红枣、爱心扶贫”基地建设，有力地推动了麦盖提县经济和社会的发展。启示：深度挖掘当地文化内涵，与产业扶贫、旅游扶贫等方结合式发展模式值得我们学习和借鉴。

(三)霍城县休闲农业

霍城县以“中国薰衣草之乡”“中国的普罗斯旺”而闻名,其品牌效应逐渐凸显,休闲农业发展也开展了一、二、三产融合发展的全新局面。休闲农业以薰衣草为主题,着重推一到两家薰衣草代表性企业,将产品品牌做大做强。目前,县内有解忧公主薰衣草园、紫色薰衣草田、薰衣草博物馆等休闲农业旅游景点,伊帕尔汗香料股份有限公司已研发出薰衣草精油及系列护肤品20余种,产品销往全国各地,拥有原料基地2万亩,并以此为依托创建了国家4A级旅游景区。启示:将传统种植模式与香料作物深加工、特色农业观光旅游进行有机融合有利于大力发展休闲农业。

四、三年预期发展目标

新疆休闲农业发展对解决农民贫困问题、农业发展落后问题,促进经济发展有重要的作用。预期发展目标:促进新疆休闲农业与当地资源的紧密结合,加强文化内涵挖掘,推进一、二、三产业发展的融合发展,促进休闲农业的合理布局,加强休闲农业园区间的差异化发展,提高休闲农业创新力度,最终使休闲农业成为新疆农业和旅游业发展的重要产业。

五、建议采取的解决问题措施及预期效果

(一)编制旅游农业与乡村旅游产业发展规划

强化顶层设计,抓好规划布局,制定产业政策,防止盲目发展。

(二)加强旅游休闲农业产品设计和研发,提高科技服务水平

将新疆本地的特色文化、环境资源和产品设计、研发结合起来,加强休闲农业经营模式、成功经验培训,提高产品设计和研发能力,提高经营和科技服务水平。

(三)发展“互联网+”休闲旅游农业信息化平台建设,打造全产业链发展平台

打造休闲农业联盟平台、农产品外销平台等,培训专业知识、提升行业标准化管理与整合、创新农业旅游模式,使品牌实现可持续化发展。

(四)完善全疆各地休闲农业园区的基础设施,促进新疆休闲农业的发展

完善新疆铁路、公路等交通体系,完善连接相关休闲农业园区的道路设施,使得全疆交通环境改善,耗时缩短、舒适度增加、道路畅通。

六、政策改革建议

鼓励社会资本支持发展休闲农业,促进休闲农业企业化;对休闲农业园区环境管理规范化,出台相关的环境管理条例及环境管理奖励政策;对休闲农业园区基础设施、经营主体等管理规范化,出台相关的管理条例,明确管理分工。

执笔人:杨德刚、张智萍、陈源泉、乔刚

参考文献:

[1]新疆维吾尔自治区乡镇企业(农业产业发展、农产品加工)局.新疆维吾尔自治区休闲观光农业“十二五”发展规划[J].中国乡镇企

业,2012(12):4-14.

[2]热比娅·玉山．休闲农业——新疆农业发展新契机[J]. 新疆农业科技,2012(4):1-3.

[3]刘云．休闲农业:盘活新疆现代农业发展新棋局——访新疆维吾尔自治区人民政府副秘书长王绍宁[J]. 中国乡镇企业,2012(6):15-16.

[4]黄如梦,白祥．新疆休闲农业发展现状与未来展望[J]. 农业展望,2017,13(3):52-55.

[5]新疆日报:新疆休闲农业快速增长成为农牧业发展新亮点[N/OL]. 中华人民共和国农业部,2017[2018-08-01]. http://jiuban. moa. gov. cn/fwllm/qgxxlb/qg/201702/t20170227_5496693. htm.

[6]师巧梅．新疆创新发展模式 打造休闲农业精品[J]. 农产品加工,2014(7):75.

[7]田甜．新疆休闲农业发展现状、存在问题及对策建议[J]. 新疆农业科技,2018(1):13-14.

[8]郝天娇,徐峰．我国观光农业地域特色营造和功能拓展研究[J]. 农业科技与信息(现代园林),2013,10(2):19-24.

[9]杨德刚．新疆休闲农业现状与发展趋势[C]//亚洲大学．休闲农业与乡村旅游发展——第二届“海峡两岸休闲农业与观光旅游学术研讨会”论文集．亚洲大学,2004.

[10]何洁．新疆沙湾县乡村旅游发展现状与对策研究[D]. 武汉:华中师范大学,2014.

第十一章　新疆数字农业提质增效专题调研报告

一、发展水平及现状评估

（一）新疆总体水平及未来趋势

1. 农业信息化基础设施建设现状

“十二五”以来，新疆农业信息化在基础设施、组织体系、示范应用、信息服务等方面取得明显成效。信息基础设施建设日趋完善，形成了互联网、移动通信网、广播电视网等全方位覆盖城乡的基础通信网络。农村互联网应用日益普及，农民户均拥有计算机和手机数量不断提高，电话、广播和电视实现了新疆行政村的全覆盖。远程教育实现县、乡、村全覆盖，覆盖100％的社区，基本形成了以昆仑卫星数字专用频道、新疆昆仑网和社区IPTV频道“三大播发平台”为龙头的远程教育教学资源播发网络。金农工程一期项目为60个县农业局、90个农业信息采集点、5个区级农产品和生产资料市场监管机构、7个农产品批发市场信息采集点、221个乡镇农业信息服务站配备了相应设备，培训4 500多名农村信息员，同时建设了农情调度、土壤肥料等业务数据系统。组建了自治区级农业数据中心和粮食流通数据中心、农业资源监测数据中心，初步整合了全区三农信息服务资源。全区农业信息化基础条件进一步改善，为加快推进农业信息化发展奠定了坚实的基础。

2. 信息化技术在农业各领域应用推广情况

目前，新疆农业信息技术已经在全疆农业生产、经营、管理、服务等方面得到示范和推广应用，并取得显著成效。在农业生产方面：节水滴灌自动控制系统和农田信息管理系统、测土配方施肥系统在生产中示范推广。运用地理信息技术和卫星定位技术，进行病虫害监测。通过卫星遥感技术对小麦、棉花等作物生长发育进行全面监控。南北疆部分温室大棚中智能化监测控制技术已在示范推广。农产品溯源系统在部分地区的干鲜果品、蔬菜及畜牧业生产中进行试验示范。在农业产业经营方面：淘宝“新疆馆”、阿里巴巴塔城产业带、“西域春城·呼图壁馆”、尉犁县红色达西电子商务创业基地等，以及各地独具特色的农产品销售电商平台，拓宽了新疆农产品销售渠道，创新了农业经营方式。在农业管理方面：通过农情调度管理系统、设施农业信息统计分析管理系统等，为各地州、县（市）农业局、乡（镇）提供及时有效的管理数据，指导全疆优化农业种植结构。在农业服务方面：利用“新疆农业信息网”（汉、维、商务三个平台）、新疆兴农网、自治区党员远程教育网及各地州、县市的网络平台等发布惠农政策、科技、市场信息，利用农技宝为农民提供技术服务。

3. 农业信息服务体系发展与人才培养

目前，新疆大部分地州农业局都设立了负责信息化工作的职能机构，部分县市农业局也建有信息服务机构。通过“金农工程”一期项目在全区的全面实施，65％以上的县（市）建立了信息服务平台，20％以上的乡镇建立了信息服务站。各类涉农网站总数超过 100 家，其中农业部门网站十余家，57％的地州农业局建有门户网站，已初步构建了以农业厅为中心，连接 14 个地（市、州）、县农业局及涉农部门网站的农业网站集群。各地在利用农业信息网网站群、“12316 三农服务热线”和“12582 农信通”三大平台为“三农”提供各类信息服务的同时，还积极推进计算机网络、电话语音、手机短彩信、广播电视等各类媒体资源和现代信息技术为广大农牧民提供信息服务。近年来,通过短期培训、远程教育等方式培养的具备一定的计算机应用能力和信息采编能力的农村信息员队伍发展到4 500人以上。农业信息服务体系初步形成。

4. 国家级农业农村信息化建设试点项目

2014年10月科技部正式将新疆维吾尔自治区纳入第四批全国农村信息化试点省区建设。自治区科技厅2015年正式启动了新疆国家农村信息化示范省建设工程,提出了“1＋N”(1个农业农村综合信息服务平台＋N个应用系统及示范工程)的新疆农村信息化科技示范工程总体框架。工程包括平台建设、资源整合、通道建设和应用示范等领域,在农业信息服务综合门户、农业信息标准体系、涉农信息推送、数据交换共享、农业大数据分析、农产品电子商务、乡村特色旅游等多个方面进行了关键技术研发和系统建设,取得了明显的效果。2017年,农业农村部为贯彻落实“十三五”国民经济和社会发展纲要、全国农业现代化规划关于实施智慧农业工程的部署,决定组织开展数字农业建设试点项目。“新疆国家农业科技园区数字农业建设试点项目”和“新疆生产建设兵团第八师石河子总场数字农业建设试点项目”分别获得农业农村部批复,这两个项目的批准立项将进一步推动新疆数字农业快速发展和农业信息化水平的提高。

(二)与全国或者典型省区比较

新疆农业信息化建设近年来虽然取得了诸多成绩,但新疆农业信息化水平在全国还处于中等偏下水平,尤其是应用效益指数偏低,处于全国落后水平,还有很大的提高空间。同时信息化投入资金不足。以贵州为例,贵州2015年各市、区、县平均投入4 400余万元用于建设农村电子商务,截至2015年底,贵州共有电子商务企业和网店3万多家,2015年通过电子销售方式出售的农产品价值总额达到3.8亿元。新疆目前还有较大差距。

二、需要破解的突出问题及原因分析

(一)对农业信息化认识不足,缺乏顶层设计与协同推进

政府主管部门特别是基层政府主管部门对农业信息化重要性整体认识水平不足。基层政府缺乏对加快推进农业信息化重要性和紧迫性的深刻认识和理解,没有充分认识到农业信息化是农业“转方式、调结构”、突破资源约束、提高生产力、提升装备水平和科技含量的重要途径。因此,没有把这项工作纳入政府的重要工作议事日程,摆上重要位置,缺乏顶层设计和统筹规划,有的存在着等待、观望的思想,造成农业信息化工作推进力度不够,与信息化建设先进地区、经济发达地区的差距越来越大。在农业信息化投入方面,资金投入严重不足,资金使用效果欠佳。与内地省区市相比,信息化建设资金投入偏少,且大部分投入依靠财政拨款,自筹资金和社会力量投入比重较低。此外,在农业信息化政策、组织机构和人力资源等方面也存在不足;信息化推进工作在地区之间,部门之间,行业之间发展不平衡、应用水平不高、尚未形成信息化发展的合力,工作推动困难。

(二)农业生产、经营、管理等缺乏信息技术的有力支撑

信息技术在新疆农业生产的各环节都开展了应用示范,但整体应用水平偏低。如政府信息化监管体系建设亟须加强,缺乏统一的农产品质量安全编码规范,无法真正实现农产品及农资的全程质量跟踪与追溯管理。农机管理部门对农机装备缺乏有效的监督管理手段,难以实现一体化生产指挥调度和安全监管执法。其原因主要有以下三个方面:一是政府缺乏信息化平台顶层设计。以农业厅农产品质量安全示范县建设为例,农业厅将建设资金拨付至各县,各县收到资金后单独招标采购农产品质量安全溯源平台和相关硬件设备,这样造成的直接后果是各县各自为政,建设标准不统一、数据孤岛严重、大数据分析

更无从谈起。而且各县招标采购溯源平台良莠不齐，平台后续运行资金没有来源，各县建设完后基本没有正常使用。二是平台建设脱离农民真实需求。从近年来农业信息化平台建设内容来看，大部分都以信息发布、信息融合为主，发布出来的信息又以各类资讯为主，数据融合则以各业务部门数据的暴力汇集为主，缺乏对农民生产有价值的数据，更缺乏对数据的专业分析，无法有效支撑生产决策和风险预警。政府部门建立的农业信息化平台用户绝大多数以政府部门、企业、科研院所为主，农户访问人数很低。三是农业信息服务手段落伍单一。目前，农业信息服务手段主要通过 Web 平台和广播等方式，从目前我国农业发展现状来说，农民会使用电脑获取有价值信息、能进行农业生产管理的人少之又少，农民需要能够提供便捷农业生产管理、农业技术推广、农业生产服务、农业技术交流咨询、农业信息服务的综合性手机移动应用和微信公众服务平台。

（三）农业综合信息服务体系不健全，信息质量不高

政府尚未建立起覆盖面广、渠道畅通、功能完善的信息采集和服务渠道，实用、有效的服务能力不足。农户希望政府能够提供短信、网络、电视、讲座培训、热线答疑等服务方式，帮助解决种植品种、栽培技术、植保、农资和农产品市场价格等问题，但这些信息的获取方式较少。虽然各地基本都建立了自己的农业门户网站，但网站更新频率低、惠农政策、科技、市场信息少，专业的信息维护团队不稳定。目前，新疆权威的综合信息服务网络平台还没有建立起来，缺乏统一规划，统一建设，运用现代信息技术和智能终端服务三农的能力不强，不能有效地为农户、农业生产经营者提供所需要的准确、权威的信息。其原因主要有以下两个方面：一是政府部门数据获取手段单一，绝大多数还依靠基层人工采集，然后逐级上报，这种模式采集数据有以下不足：①不够广泛，没有代表性；②数据滞后；③数据真实性不高，人为干预性强。因此政府采集回来的数据对农业生产指导性不大，更不能进行预警和辅助生产调控。二是农户信息获取渠道单一。目前农户获

取农业信息的主要渠道是各级政府建立的农业门户网站，这类网站主要以政府通知公告、新闻等为主，缺少农业科技、市场行情、技术咨询服务、农业政策等农民需要的有价值信息，且网站信息更新较慢。同时农民会使用电脑获取信息的人少之又少，这也限制了农民获取农业信息的渠道。

(四)农业信息化人才匮乏，基层农民信息意识淡薄、能力欠缺

目前部分地区、县(市)农业信息机构不健全、服务手段单一，农业信息化人才匮乏。各级农业管理人员信息化知识更新缓慢，跟不上信息化发展的步伐；农业系统中既熟悉农业又熟练掌握现代信息技术的人员较少，南疆地区尤为严重，基层少数民族信息员汉语水平和计算机运用基础比较薄弱，对农业信息化方面的认识和了解也不多；基层农民受教育程度普遍不高，信息意识比较淡薄，信息素养普遍偏低，信息技术的应用能力不强，导致农民接受和使用信息困难，对现代科学技术的接受和消化能力低，这严重制约了信息技术在农业生产、经营等各领域的推广应用，使许多已被实践证实的农业科研成果得不到有效推广，最新的农业科技成果得不到转化应用。

三、典型经验及示范意义

(一)农村信息化示范省建设为新疆数字农业发展奠定坚实基础

新疆科技厅于2015年启动的新疆农业示范省建设解决了困扰新疆农业信息化发展多年的农业信息无标准、信息交换不统一、业务平台不互通、农业信息服务手段单一等诸多问题，并以新疆兴农网为依托，建立了全疆覆盖面最广、信息分类最全、技术最先进的综合农业信息化服务门户，推动了新疆农业农村信息化不断向纵深发展，进一步为数字农业建设奠定了坚实的基础。

(二)物联网技术在农业领域应用初见成效

“物联网＋农业”是解决农业信息采集、农业生产控制的最佳手段。物联网技术可帮助农业生产过程实现有价值信息的自动采集,如新疆农业大学计算机学院自主研发设计的产地环境监测平台,可实现产地气象环境、水环境、土壤环境的监测,平台根据物联网设备采集到的墒情数据可为灌溉控制平台提供灌溉决策支撑,平台根据采集到的气象数据可为农业生产提前发出短信预警,平台根据获取的土壤肥力数据可为农户推荐测土配肥方案,平台根据网络摄像头可实现基地苗情、虫情、病情远程监测,平台根据监测数据结合专家经验还可进行农业生产大数据分析。通过物联网技术可帮助实现市场价格信息的自动采集,如新疆农业大学正在研制的物联网电子秤,该秤在一般电子秤打印条码、价格信息、产品基础信息的基础上与溯源平台进行对接,不但可以打印溯源二维码,而且利用物联网技术可实现产品价格信息自动上传云平台的功能,这样不但消费者可轻易实现农产品全程溯源,而且政府主管部门可实时获取真实、全面的市场价格行情信息,为政府市场调控和生产决策指导提供重要数据支撑,同时也为智慧农贸的发展奠定坚实的基础。

(三)设施农业智能化改造取得显著成效

2011 年以来,全区设施农业面积稳定在 90 万亩(1 亩≈666.7 m^2,下同)以上,设施农产品稳定在 300 万 t 以上,2014 年设施农业实现产值 96.81 亿元,产值占全疆农林牧渔业总产值的 3.92%,纯收入 65.27 亿元。按占地面积核算,2014 年设施农业平均产值 11 333 元/666.7 m^2,纯收入 7 641 元/666.7 m^2,从业人员人均纯收入近万元,产业“高投入、高产出、高效益”的特点得以体现。通过设施农业智能化改造可实现设施内部空气温湿度、土壤温湿度、光照、CO_2 含量等的实时监测和分析预警,根据监测数据可实现设施卷帘机、补光灯、排风扇、湿帘、灌溉等的自动控制,可直接降低人工 60%以上。2016 年新疆农业大学在高新区安宁渠镇三宫梁村育苗基地进行了设施农业物联网一体化控制应用示范，改造前一个设施管理人员最多管理5个大棚，改造后基地46座温室大棚一人即可轻松实现管理控制，大大节约了人工成本。2018年乌鲁木齐高新区农牧局与新疆农业大学签订了育苗基地46座温室大棚物联网一体化改造合同，将对整个基地温室进行改造升级，改造完成后的温室预计亩产可平均提高30%，农民收入可提高20%。目前，该项目还在乌苏市、鄯善县、喀什市等地进行示范推广。

(四)移动互联网技术助力农业生产信息服务

农民是农业生产和经营的主体，农村信息化进程一定程度上要取决于农民信息意识和应用能力的提高。新疆基层农民受教育程度普遍不高，信息意识比较淡薄，对信息技术应用能力低下的问题尤为突出，特别是少数民族农民不能熟练掌握汉语，这严重制约了信息技术在农业生产、经营等各领域的推广应用。从目前新疆农业从业人员整体文化素质来说，依靠计算机进行农业信息服务存在诸多困难，而手机APP、微信公众服务平台这些应用则简单、易用，便于推广。因此，开发一款集农业生产管理、农业技术推广服务、农业信息服务、农业专家咨询、农业生产服务于一体的综合性手机APP和微信公众平台是一项迫在眉睫的任务，新疆农业大学自2016年开始研发的“农帮手”APP集农业生产过程管理、农业生产服务、农业技术推广、农业专家咨询、农业信息推送为一体，很好地解决农民生产过程农业信息需求，目前APP主要功能已基本研发完成，正在乌鲁木齐市高新区、乌苏市等地进行推广应用。

(五)北斗导航系统、GIS技术推动精准农业发展

北斗导航系统在农机自动驾驶技术中已得到很好的推广应用，同时农机指挥调度平台在部分地区也已开始布局，通过农机自动驾驶技术，可大大提高大型农机的作业效率和利用率，从而提高农业作业效

率和农机手收入，通过 2017 年走访乌苏市、沙湾县等地农机合作社，大部分合作社已体会到农机自动驾驶系统的巨大优势，做好来年扩大安装范围的准备。GIS 技术在农业估产、农业灾害评估、农业“四情”监测等领域的应用在部分地区也已进行推广示范，这为后续建立现代“天一地”一体的现代精准农业奠定了很好的基础。

（六）农业金融信息服务开始试点应用

农业金融服务平台在疆内一些地区已开始试点，平台集农业贷款、农业保险于一体，农业金融服务平台与农村土地确权流转平台数据共享，通过完善的农业贷款信用担保体系和资金结算闭环，简化农民贷款流程，同时确保金融机构贷款安全，目前沙湾县已开始试点。农业保险信息化服务主要针对当前“一单多户”投保模式进行改造升级，建立“一单一户”农业保险新模式，降低农户生产风险，同时利用移动互联网技术为现场勘验提供便捷的数据采集手段，提高基层保险人员工作效率，同时也可杜绝恶意骗保等行为，目前人保已在乌苏市开始试点应用。

（七）同城生鲜电子商务平台建设效益显著

B2B2C 同城生鲜电子商务平台是连接基地—商超—消费者的便捷桥梁，省去了农产品中间流通环节，将节约成本向种植户补贴，同时也降低了农产品的市场价格。平台包括 Web 平台、手机 APP 和微商平台三部分，商超通过平台可直接向基地下单、配送公司负责市内商超配货，消费者通过手机 APP 或微商平台可发现离自己最近的加盟商超，并能查看商超商品详情和下单，下单支付成功后由超市向居民家中配货，解决生鲜产品“最后一公里”问题。目前该模式已在南京、上海等地推广应用，平台年交易额达上亿元。

（八）大数据技术在农业领域应用已崭露头角

近年来，山东、贵州等省市充分借助大数据发展机遇探索经济转型发展的新动力，许多走在现代农业产业前沿的企业对于农业农村大数据应用进行了诸多有益尝试。2013 年 6 月 18 日，国内第一个农业大数据产业技术创新战略联盟在山东农业大学成立。该联盟由山东省内外政府、高校、科研单位、企业等 22 家成员单位组成，通过对气象、土地、水利、农资等农业相关信息和数据的分析研究，为政府部门科学决策提供借鉴参考，指导农业科研和生产，为现代农业发展提供有力的科技支撑。新疆农业厅等相关单位也已组织开展大数据技术在农业生产领域中的应用尝试。利用大数据技术对物联网设备采集的一线生产数据、市场行情数据、气象环境数据、土壤数据、水环境数据、遥感数据等结合专家系统进行科学的分析，形成真正能够指导农业生产的数据模型，为农业生产结构调整、农业综合效益提升、农业生产预测预警等提供重要支撑。

四、三年预期发展目标

(一)生产智能化水平显著提升

以提高农业生产智能化水平为目标，推动现代信息技术在农业生产各领域广泛应用，通过三年建设，力争物联网技术在设施农业领域、大田种植领域、农产品加工流通领域、农产品销售等领域建立一批智能化管理平台，引领农业“转方式、调结构”，实现农业产业升级和可持续集约发展。

(二)经营网络化水平显著提升

以促进农业经营网络化为目标，大力发展农业电子商务，创新农产品流通方式，促进农产品产销衔接，增加农业收益，通过三年建设，力争打造形成具有新疆特色的、较大规模和影响力的农产品电子商务平台。

(三)管理决策科学化水平显著提升

以实现行政管理高效透明、提升科学决策能力为目标，充分运用现代信息技术，加强关键环节的信息采集、加工处理和分析预测能力，提高农业决策的科学性和预见性。促进农业政务管理、农业资源管理、生产调度、监管执法等的信息化建设与应用，切实提升农业部门行政效能。通过三年建设，力争建立一套业务联动、数据共享、管理高效的行政管理平台和农业大数据决策平台。

(四)信息服务在线化水平显著提升

以提供灵活便捷的信息服务为目标，构建农业综合信息服务体系，拓宽信息服务领域，提供便捷服务手段，提升农民信息获取能力，加快缩小城乡和区域数字鸿沟。通过三年建设，力争建立起一套集农业生产过程管理、农业生产服务、农业技术推广、农业专家咨询、农业信息推送为一体的灵活便捷的信息综合服务体系。

(五)专业人才队伍素质显著提高

以提高信息化建设人员素养为目标，大力开展信息技术人员的培训，加强骨干队伍建设和人才培养，建立管理队伍、专家队伍、服务队伍、应用示范队伍。通过三年建设，力争培养一支“懂农业、爱农村、爱农民”的农业信息化骨干队伍。

五、建议采取的解决问题措施及预期效果

(一)加强信息技术与农业生产融合应用

以提高农业生产智能化水平为目标，借鉴成熟可复制的经验作法，探索符合新疆实际的“互联网+”现代农业发展模式。一是推进设施农业智能化集成应用。对设施农业种植过程进行科学监控，实现农

业信息的全面感知、可靠传输和智能处理；二是加强精准农业技术集成应用，借助智能装备、3S技术、决策模型等精准农业技术在耕地质量管理、肥水药精准实施、农机作业与调度等农业生产关键领域的应用，加快信息技术与装备的集成。三是推广农作物监测集成应用，综合应用农业物联网、3S等技术，建设大面积的苗情、墒情、病虫情以及灾情监测预警系统，为农业管理部门及时了解农作物生长状况，掌握生产动态，指导农业生产提供科技支撑。四是加快农产品质量安全追溯系统建设，应用物联网技术，提高农产品生产、加工、流通、消费全过程质量安全监督和追溯管理水平。

（二）推进农业经营网络化创新发展

以促进农业经营网络化为目标，借助信息化工具和手段规范经营主体行为，推动土地承包经营权流转示范，提高市场监管能力，促进农产品网上交易，提升农业经营效益。一是加快发展农业电子商务。加快农产品电子商务示范点、示范企业建设，支持新型农业经营主体电子商务应用，推动生产经营与市场需求直接对接。以地州为单位"整建制"推进农产品优质优价；以农产品质量安全追溯为基础，做到"一县一品"推广地域性特色农产品；推动优质农产品与大型电商平台对接，促进地域特色农产品网上交易。二是开展土地确权及农业综合产权交易、流转平台建设。积极推进自治区农村土地承包经营权确权登记颁证工作。开展土地承包档案资料清查，整理成果与土地承包管理信息化结合，推进土地承包原始档案管理数字化。同时开展土地承包经营权调查，试点建立全疆农村土地承包经营信息数据库，实现土地承包合同、经营权流转合同、土地承包经营权证登记簿、土地承包经营权证书自动编码，建立土地承包和流转信息电子档案，确保经营权证书作为土地承包法律文书的规范化、严肃性。建立农村土地承包经营权交易、流转平台，实现新疆农村土地承包经营权交易管理信息化、现代化、规范化。三是促进传统农业市场管理的信息化。推动农产品和农资经营主体、农产品交易市场、农资交易市场进销存信息技术应用，促进其规范化、电子化台账的建立。通过品种、价格、数量等采集与分析，强化市场监管职能，促进传统市场有序管理，提升经营效率。

（三）推动信息技术助力政务管理提档升级

以实现农业行政管理高效透明为目标，遵照“平台统一、数据集中、强化利用”原则，切实提升农业部门行政效能。构建农业大数据中心，支持科学决策；完善农业监测预警、应急指挥等系统，提升响应能力；建设亟须业务管理系统，提高规范化管理水平。一是协同推进区级农业大数据中心建设。借助农业大数据中心统一的技术平台，完善数据仓库，构建数据集市，加强数据挖掘与分析利用，建立农情、农产品价格、农产品质量等不同主题数据库，为决策、管理和服务提供数据支撑。二是完成农业决策指挥系统建设。依托农业大数据中心，建设具备农业应急指挥和农业决策指挥功能的管理系统。农业突发事件发生时，应急指挥处置各类农业突发公共事件；日常组织开展农业专家视频咨询、教育培训、会诊会商和视频会议等活动，专家团队对农业生产、疫病发生趋势、农产品质量等进行分析、会商、研判，得出结论，提出建议，为领导决策、指挥和管理提供快速、可视化的支撑，切实提升农业部门的管理效能。三是推进电子政务工程建设。通过办公自动化系统升级改造、专网应用迁移、内网门户建设等一系列电子政务项目的建设实施，实现农业系统行政管理的无纸办公、业务协同和资源共享，充分利用信息化手段，提升政务办公效率。

（四）夯实农业信息化建设人才基础

以提高信息化建设人员素养为目标，制定农业信息化人才培养规划，构建农业信息化人才培养体系。制定对农村各行业、各部门信息化建设核心技术人员的分类管理制度，加快管理队伍、专家队伍、服务队伍、应用示范队伍的建设，借助信息技术提升四支队伍的服务质量。加强信息化人才培养以学校教育为基础，在职培训为重点，基础教育与职业教育、公益培训与商业培训互补，鼓励各类专业人才掌握信息技术，培养信息化复合型人才。支持引导本地高校农业农村信息化相关学科、专业发展，优化人才培养模式，充分利用已有职业技能培训体系，加大各层次专业技术人才队伍培养。依托“访汇聚”工作、科技特派员工作和“三区”人才计划，整合资源、协同推进，加强基层农村信息化技术力量。建立农村信息技术人员登记、考核和资格认证制度，健全激励机制，创造良好的人才发展环境，吸引专业技术人才扎根基层，激发其内在发展驱动力，推动农村信息化可持续发展。

六、政策改革建议

①加强统筹协调，建立自治区级农业大数据中心，试点建立数据所有权、管理权与使用权分离的数据资产管理机制，推动农业政务、商务、农务大数据资源整合交换、共建共享，分层分类对外开放。

②强化基础支撑，组建农业大数据产业技术创新联盟，加强基础共性数据支撑平台建设，加强数据挖掘与分析利用，提供高附加值的信息服务，探索建立“公益＋市场”运行机制。

③大力推动“龙头企业＋生产基地”模式的农产品电子商务快速发展，打造“从地头到餐桌”的全链条技术集成创新和规模化应用示范，形成具有新疆特色的、较大规模和影响力的农产品电子商务平台。

④大力扶持和培育本地技术力量，开展“天-空-地”一体化物联网测控、精准作业和智能控制等重点领域技术攻关，加强集成创新。推动普适普惠性应用示范，探索产业化发展模式。

⑤根据《中华人民共和国促进科技成果转化法》进一步研究制定我区促进科技成果转化和技术转移的相关优惠政策，建立市场导向、政府服务、企业主体、产学研结合的科技成果转移转化体系，推动科技成果商品化、资本化、产业化。

执笔人：蒋平安、白涛、李永可

参考文献：

[1]农业部．“十三五”全国农业农村信息化发展规划[Z]．北京：农业部，2016.

[2]农业部．关于推进农业农村大数据发展的实施意见[Z]．北京：农业部，2015.

[3]新疆维吾尔自治区人民政府．新疆维吾尔自治区国民经济和社会发展信息化“十三五”规划[Z]．乌鲁木齐：新疆维吾尔自治区人民政府，2017.

[4]新疆维吾尔自治区科学技术厅．新疆国家农村信息化示范省建设工程总体规划[Z]．乌鲁木齐：新疆维吾尔自治区科学技术厅，2015.

[5]新疆维吾尔自治区农业厅．新疆维吾尔自治区农业信息化“十三五”发展规划[Z]．乌鲁木齐：新疆维吾尔自治区农业厅，2016.

[6]中国互联网络信息中心．第 41 次中国互联网络发展状况统计报告[R]．北京：中国互联网络信息中心，2018.

[7]中国互联网络信息中心．2015 年农村互联网发展状况研究报告[R]．北京：中国互联网络信息中心，2016.

第十二章　赴喀什地区农业提质增效专题调研报告

一、调研活动总体情况

按照自治区党委常委、副主席艾尔肯·吐尼亚孜的指示和要求，2018年3月23日至3月28日，自治区人民政府办公厅组织科技厅、农科院、林科院、畜科院、水科院、中科院新疆分院、中国农业大学等单位的15名专家组成了调研组，由自治区科技厅副厅长高旺盛任组长，新疆农科院副院长杜伟研究员和中国农业大学陈源泉副教授任副组长，围绕一产上水平、农业提质增效等问题赴喀什地区进行了专题调研。先后前往了喀什市、英吉沙县、莎车县、叶城县、麦盖提县5个县市，调研了农作物、林果业、畜牧业、乡村振兴、节水农业、企业加工、农业合作社等7个方面70个点。召开专题座谈会5场，地方政府反馈会1场。先后2次现场宣讲了习近平总书记在中央农村工作会议上重要讲话核心要点。

二、调研结果概述

(一)农作物生产

1. 发展现状

喀什地区贯彻中央和自治区粮食安全精神到位,小麦生产规模适度,有效保障了区域粮食(口粮)供给。2017 年调运和田地区小麦 3.6 万 t,对南疆大区粮食(口粮)安全做出贡献。棉花生产显现成本增加,收益下降。各县市积极探索特色作物种植,取得了较好的效果。

2. 存在的主要问题

(1)口粮供给有余,饲料粮供给不足。重视口粮安全,但对饲料粮重视程度较低。全地区林粮间作比例高,口粮安全和饲料粮安全隐忧突显。随着林果渐入盛果期,林粮矛盾日渐突出,尤其是饲料粮(玉米)受到的影响更大。

(2)棉花单产、品质下降,棉花生产处于下滑的状态。受国内外棉花市场低迷的影响,喀什各方对棉花生产的重视程度有所降低,造成棉花单产、品质下降。

(3)农作物生产技术到位率低。总体讲,目前喀什地区农业生产普遍存在技术落实到位率低,技术规程执行不力。小麦种植肥料投入过度,如开春条播氮肥和第一水撒施氮肥往往多施 20～30 kg 尿素、厩肥撒施于麦田表面而不是播前翻入地下等。复播玉米生产管理只有播种和浇水 2 项基本措施,缺失中耕、配方施肥和虫害防治等技术措施。棉花生产管理技术中防虫、化控、打顶、拾花控“三丝”等措施均不到位。

3. 典型经验

(1)依托市场,探索特色作物(马铃薯、红薯、豆类、谷子)林下间作模式,提高土地生产率,增加农民收入。

(2)核桃、红枣疏密,扩大行距,保证林粮收入。

(3)依托公司技术和市场开拓能力,带动农户特色农产品生产经营,解决了小农户与大市场的矛盾,增强了农民市场意识。

(4)为弥补区内技术推广力量不足,探索政府购买服务,培训农民技术员。

4. 技术与政策建议

(1)坚持以小麦为前茬的一年两熟或多熟制。小麦为前茬的一年两熟或多熟制,最大限度地利用了喀什的光热资源,对保障口粮、饲料生产极为重要。

(2)推广良种、落实种植技术措施。三大作物在现有基础上均有很大的增产潜力,其中:小麦为 100 kg/亩(1 亩≈666.7 m^2,下同);玉米为 200～300 kg/亩;棉花为 100～150 kg/亩。良种是小麦最重要的增产措施,应加快小麦品种更新速度,改革供种机制,提高种子质量;加大小麦春季氮肥"前减后增"技术推广力度,提高小麦种植技术措施的到位率。当前玉米增产模式为"增加投入＋落实技术措施＋品种结构调整(增加青贮玉米)",建议改为"品种＋增加投入＋种植模式改进"。棉花种植围绕"双 30"质量目标提质增效,重点在"品种选择＋投入＋技术措施"落实。

(3)因地制宜,开展种植制度改革和种植结构调整。建议逐步开展种植制度改革,研究制定标准,退出已不适宜林下种植的小麦、玉米、棉花面积,尝试牧草型粮食作物(如小黑麦、谷子等)。按照"宜粮则粮、宜棉则棉、宜果则果"原则,调整结构,逐步增加"白地"高效小麦、复播玉米、棉花面积。面向市场需求,发展特色作物,如万寿菊、马铃薯、红薯、豆类等。

(4)综合施策,提高科技支撑能力。在自治区层面,加强育种和突破性关键技术研究与集成,藏粮于技。在地区层面,制定地区提高种植业技术水平规划(计划),加强与援疆省市科研机构的合作,统筹区内外科技力量形成合力,以克服当前技术应用碎片化局面,提高种植业整体技术水平。在县乡层面,以示范与培训相结合的原则,加强县乡级技术人员的技术培训和知识更新;鼓励县乡政府购买技术服务;

着力培训农民技术骨干。

(5)规模化、专业化生产,提高种植业生产水平。在农村劳动力转移较为充分、土地流转条件成熟的地区,进行规模化、专业化生产试点,改变农户经营“小而全、小而杂”、农民技能多而不精的状况,将有效提高土地和劳动生产率。

(6)制定符合南疆特点的粮食收储、供销政策。鉴于小麦比较效益差,为确保粮食安全、保证南疆粮食区域平衡,建议自治区出台销区补贴产区的利益机制,稳定产区小麦种植规模。同时,由于南疆粮食供给长期短缺、供需处于脆弱的平衡状态,建议自治区对南疆小麦收购采取与北疆差异化的收储政策,继续实行小麦收购兜底、敞开收购的政策。

(7)制定符合南疆特点的种子(小麦)行业发展政策。目前种子(小麦)行业仍处于计划经济状态,应加速转型和机制改变。打破封闭的种子供给体系,运用市场竞争机制、优胜劣汰,吸引具有小麦种子知识产权、有实力的种子公司参与竞争,提高种子供给质量、加快品种更新,通过公司的技术服务,增强小麦产区技术水平和生产能力。

(二)设施农业

1. 发展现状

总体上设施农业发展处于控制规模、提高效益、降低风险的阶段。

2. 存在的主要问题

(1)生产水平低、规模化程度低。设施生产水平低,附属设施不配套,环境调控能力差,棚内多年品种单一,蔬菜品种多乱杂混,施肥不平衡,连作障碍严重,缺乏有能力的企业和合作社,难以形成规模化生产。

(2)冬季蔬菜果品反季节生产成本高。南疆冬季设施蔬菜虽然有一定产量,但由于成本高、储运设施少、运输距离远等,原产地的收购价格甚至高于乌鲁木齐市场价格,冬季南菜北运需要从技术上、政策上进一步研究。

3. 技术与政策建议

(1)机制创新、因地制宜规模化生产。一是探索设施农业生产企业联合机制创新,促进低效设施农业生产设施的有序流转,严格按照农业农村部蔬菜标准园的建设要求,继续依托蔬菜标准园建设,推进"菜篮子"工程发展。二是发展标准拱棚、双膜小拱棚等低成本轻简化设施,完善废旧日光温室改造升级。三是因地制宜做好"一园一品""一村一品""一乡一品"规模化订单生产。四是完善窖藏、保鲜库等冬储方式及冷链物流。五是加强设施农业育苗基地建设,发展集约化统一育苗。

(2)科技引领、规范设施反季节果蔬生产。一是在南疆重点发展"春延晚、秋提早"设施蔬菜生产;二是推广高效设施保温增温技术,提高设施深冬生产能力;三是试验探索南疆设施农业反季节特色果品生产模式;四是完善农产品检测认证,强化设施蔬菜质量监管。

(三)林果业

1. 发展现状

喀什地区林果规模大,总面积达580万亩,占全疆林果面积的近1/3,在喀什农业产业结构中具有比较优势,林果业收入已占农民总收入的30%～40%,有望进一步提高,在喀什地区农业提质增效中占主导地位;具有自然条件、社会条件比较优势的林果树种结构的区域化布局基本形成,避免了喀什区域内林果种植的同质化无序竞争,叶城的核桃、英吉沙的杏、莎车的巴旦木、麦盖提的红枣已在果品市场上享有一定的声誉,林果业提质增效的潜力巨大。

2. 存在的主要问题

(1)林果生产的间作矛盾难以回避。喀什林果产区生产模式主要以果粮、果棉间作模式为主,除"林果‖小麦"间作模式相互影响较小外,"林果‖棉花""林果‖复播玉米"水肥矛盾难以有效协调,水肥投入长期以来一直以农作物需求为主,相互影响较大,很难满足林果生长需求,呈现"双输"的局面。

(2)标准化林果基地建设程度低。喀什地区林果栽培存在的共性问题是有机肥投入不足而影响品质与产量。此外，红枣栽培中的问题：一是种植行的株距过密，树冠内部通风透光能力差，急需疏密；二是整形修剪、病虫害防控、林果机械化推广等各项技术措施难以落实到位，果品产量、质量明显下降。核桃栽培中的问题：一是品种不纯，未改接的实生树仍较普遍，存在着主栽品种与授粉品种配置不达标的问题；二是密植核桃园疏密工作推进缓慢，园相较差；三是采后处理落后，果品商品性差。杏、新梅栽培中的问题：栽培管理粗放，技术措施落实不到位，特别是病虫害防控措施不到位，食心虫、小蠹虫、桑白盾蚧、流胶病等危害严重，造成树势衰弱，产量低，虫果率高，甚至造成绝收。巴旦木栽培中的问题为：良种缺乏，授粉树搭配不当，老果园介壳虫及流胶病危害极为严重。

(3)缺乏与大产业配套的服务保障体系。林果技术服务队低效，服务队员工资低，农民不愿参与；现有的林果专业合作社不规范，组织基础条件差、流动资金少、带动果农致富能力弱，难以发挥有效作用；金融、财税等对林果产业发展的优惠政策落实不到位，企业和合作社贷款困难。

3. 典型经验

(1)核桃产业升级十大措施。叶城县总结推广“核桃产业升级十大措施”(品种改良、精品果园、机械化修剪、疏密改造、人工授粉、病虫害飞防、核桃种质资源收集、线上线下电商、核桃产后分级加工等)，为核桃产业提质增效和品牌市场打下产业技术基础。

(2)种植环节中的补奖制度。如叶城实行“施一补一”制度，提高了果农施肥的积极性，林果提质增效显著。

(3)建立了一批县、乡、村级示范园。示范园栽培管理技术水平高、水肥投入到位，提质增效明显，对周边农民发挥了良好的辐射样板作用，推动了林果业发展。

4. 技术与政策建议

(1)优化种植模式。在种植业模式上应该以水定地，调整配水制度。基于林果业发展在农业种植结构中的比较优势,建议将以农作物需水规律主导的配水制度,改为以林果树种需水要求主导的配水制度。合理设置林果建园、间作、作物模式的比例,确保粮食安全和农区饲草料生产,保障畜牧业有序发展的同时,就地解决优质有机肥来源,支撑种植业健康发展,而实现农、林、牧业的良性循环;林果进入盛果期,遮阴严重时,林下小麦应立刻退出,专注林果丰产栽培管理,果树与棉花间作在栽培管理中水肥矛盾突出,应退出棉花。

(2)强化技术标准体系管理。目前喀什地区林果业密植园比例偏大,严重影响果品的产量和质量,应严格按照不同树种标准化种植密度加快疏密的进度。严格按照核桃、红枣、杏、新梅、巴旦木等树种的技术标准体系,落实水肥管理、整形修剪、促花保果、病虫害综合防控等关键技术措施,强化组织管理。

(3)创建林果业社会化服务体系。探索创建林果技术服务公司,引入专业化、社会化的服务体系,采取政策扶持的方式,建立公司化运作、稳定、高效的林果技术服务队伍。重点开展整形修剪、测土配方施肥、病虫害防治、林果机械化等方面的技术服务。建立完善的市、县、乡、村四级科技服务推广网络体系,确保各节点高效运行。

(四)畜牧养殖

1. 发展现状

总体上畜牧业依然处于传统养殖业为主阶段,一家一户的分散养殖与依赖天然草场的放牧方式仍然是喀什地区畜牧养殖的主流,牛羊20头(只)以上的养殖大户仅占到有畜户的10%左右。以家庭为单位的自给自足、分散饲养、依赖天然草场放牧的生产方式占主导地位。

2. 存在的主要问题

(1)肉用羊良种繁育体系不健全,良种畜供种能力不足。一是地方品种选育力度不足,群体优良外貌特性表现不明显,繁殖性能、生长速度、产肉性能等生产水平偏低。二是引进多胎羊品种缺乏选育和扩繁,繁殖率高和常年发情特性没有得到有效利用。三是人工授精等技术推广工作滞后，主要依靠自然增长，绝大多数一年繁殖一胎，具有优良特性的良种畜数量增长缓慢。四是饲养管理粗放，全价日粮调配饲喂技术应用程度低，个体增重缓慢，畜群周转周期较长，优良品种的生产性能没有充分体现，养殖成本居高不下，养殖效益偏低。

(2)优质饲草料供给不足，秸秆等农副产品加工利用滞后。一是优质饲草料种植面积逐年递减，目前喀什地区优质牧草保留面积 37 万亩，其中 2017 年新种植 4.08 万亩，新种植面积较 2016 年减少 72.8%；2017 年的青贮制作量只有 190.83 万 t，较 2016 年减少了 287.54 万 t，制作量下降了 60%。二是优质饲草料品种资源少，主要为苜蓿、青贮玉米等作物，而且推广力度不大。三是苜蓿、披碱草和苏丹草等高产优质饲草料作物品种田间管理不到位，饲草产量低，优质饲草的高产优势没有得以发挥。四是秸秆有效利用率不高，秸秆等农副产品浪费较大。

3. 典型经验

(1)探索形成了麦盖提县养殖合作社托养模式，采用托养牛羊盈利分红的经营方式，一托三年，托养结束后，归还同龄的母牛羊。该模式不仅解放了劳动力，也充分发挥了养殖大户、能手的技术及经营优势，促进了规模化养殖生产。

(2)喀什地区叶城县肉羊养殖合作社(大户)，为了提高肉羊养殖效益，通过养殖非繁殖季节品种或人工处理方式，实现 8 个月为一个生产周期的“两年三产”技术，有效提高了肉羊养殖效益。

4. 技术与政策建议

(1)提高饲草料供给能力综合技术。一是提高饲草料生产能力综合技术，筛选适应喀什地区自然条件的优质、高产饲料、饲草品种，建立不同种植方式的饲草料高效生产基地，推广实施种植管理、收获等配套技术措施，增加饲草料产量；二是提升农副产品利用效率综合技术，根据区内不同农副产品特点，分别推广和建立物理、化学、生物等不同方法处理的低成本农副产品加工利用技术，提高农副产品利用效率，增加饲草料供给能力。

(2)肉羊良种繁育和优质商品羊高效生产配套技术。一是优化、完善肉羊良繁体系,建立地方品种、多胎品种、纯种肉羊品种的良种繁育体系,提高优良品种及种羊生产能力;二是建立商品肉羊生产的优良母本供种繁育体系,以提高母本多胎、全年非季节发情等特性为抓手,升级商品生产母本;三是配套实施本品种选育技术、高效繁殖技术、饲养管理技术,迅速扩大优良种群规模;四是建立以养殖合作社、养殖小区为主体的规模化商品肉羊基地,形成以纯种肉羊品种父本杂交升级母本的生产模式,配套实施两年三产、人工授精、早期断奶、羔羊育肥等技术,提高商品羊质量和总产量。

(3)加大托养养殖合作社的政策支持力度。牛羊托养模式还处于初级尝试阶段,建议加大托养养殖合作社的政策支持力度,进一步完善经营机制,建立可操作的典型模式,进一步进行推广示范。

(五)庭院经济

1. 发展现状

喀什地区在扶贫政策支持下,庭院经济呈现以点带面、逐步发展的态势,效果良好,有效改善了农民居住条件、生活习惯以及精神面貌。通过"三区分隔""前园后圈""养殖小区"等形式发展了蔬菜种植、畜牧养殖,满足农民的生活蔬菜消费,节约了肉蛋菜等副食支出,增加了农民的收入,集约利用了农村土地资源。

2. 存在的主要问题

存在着人畜混住、技术服务不到位、缺乏庭院经济发展规划等问题。

3. 典型经验

(1)庭院经济"十个一"目标。叶城县提出的"十个一"目标(户均一套安全住房、一个有规划的庭院、一座标准牲畜棚圈、一片菜园、一片果园、一群牛羊、一群家禽、一架葡萄、一人劳务输出、培养一名大中专学生),按照发展意愿自愿和缺项补项的原则,户均增收 1 万元,全面开展立体特色庭院建设,已建成 20 467 户(计划完成 103 910 户),

其中贫困户 4 345 户。

(2)“刀郎文化”休闲旅游。麦盖提县依托“刀郎文化”发展乡村休闲旅游农业，2017 年旅游累计接待游客 28.58 万人次，增长 10%，全县有一定规模的农家乐 14 家，通过发展休闲农业增加了农民收入，促进了扶贫攻坚工作。

4. 技术与政策建议

充分尊重农牧民意愿，循序推进乡村住宅建设和农牧业生产，不搞一刀切工程，注重农牧民的产业或就业的配套，开展多种类型的庭院经济模式，保障每户家庭有基本收入渠道。同时，做好喀什地区庭院经济与乡村旅游发展总体规划，注重农村民俗文化与休闲旅游的多样性。

(六)节水农业

1. 发展现状

截止到 2017 年，喀什地区累计建设高效节水工程 415.82 万亩，占灌溉面积的 26.5%，其中：滴灌 370.9 万亩，低压管道 32.88 万亩，喷灌 11.45 万亩。目前，实际能够运行的高效节水工程约 175 万亩，其中滴灌约 150 万亩，低压管道灌 20 万亩，喷灌 5 万亩，约占累计建设规模的 40%左右，已建工程空置率较高。此外，近两年喀什地区在渠道防渗方面每年投入约 10 亿元(大中型灌区改造项目)，但由于历史欠账太多，目前干支斗三级渠道的防渗率仅为 18.9%，灌溉水利用系数仅为 0.455，居全疆较低水平。

2. 典型经验

(1)强化节水约束机制。一是按照自治区实行最严格水资源管理制度“三条红线”指标分解要求，将地区用水总量控制目标层层分解落实到各流域、各县(市)、乡镇及水系，并开始实行考核制度；大部分县市实现了量水到乡、按方收费，促进了高效节水发展；二是改革水价制度，逐步调高基本水价使之接近成本价，出台阶梯水价，实行超定额加价，运用经济杠杆促进农民节水。

(2)政府采购,降低高效节水工程运行成本。一是实行四水统价,由水利局统一支付高效节水工程运行电费与首部维修费;二是将高效节水工程首部管理人员费用纳入公益性岗位或水费供养;使得基本农户发展高效节水工程只需支付每年滴灌带更换及零星配件更换费用60～80元/亩,费用成本大大减轻,为发展高效节水创造了良好条件。

(3)推行基层"水会计""渠道长"与"条田长"制度。利用水费支付或公益性岗位方式,设置村级基层水管协理人员,建立基层水利技术服务体系。

(4)积极探索"专业化灌溉公司+农户+政府监督"的新型高效节水管理模式。麦盖提县等探索实行了高效节水工程灌溉公司托管运行模式和节水工程公司"建管护"一体化运行交钥匙的模式,保证了滴灌系统初始2～3年的正常运行,使农民真正看到效益、提高认识,养成使用滴灌的习惯,并带动培养出农民自己的管理队伍。

3. 存在的主要问题

(1)高效节水工程存在工程停运闲置问题。一是由于喀什地区农户土地太少且分散,滴灌每次灌水一般需要15～20户农户就种植结构、施肥方案等进行协调统一,矛盾多、难度大、太麻烦;二是农户认识不到位,不理解有投入才有产出的道理,不愿意购买滴灌带造成停止使用;三是因为林果间作粮食滴灌技术不成熟,当农作物倒茬及种植结构调整时就停止使用。

(2)滴灌系统运行效果不显著。一是现状渠道防渗率太低,发展河水滴灌需要将斗农渠轮灌改为续灌,造成渠系过水时间长、渗漏增加,影响灌区整体的节水效果;二是现有土渠渠系配套差、输水慢,难以满足高效节水工程适时调度、及时供水的要求。特别是河水滴灌水源保证率低,已建工程年滴灌次数仅5～6次,灌水周期长达15 d以上,不能满足滴灌作物"浅浇勤灌"的要求,影响了滴灌的增产效果;三是施肥管理粗放,不遵循作物需水、需肥规律,造成施肥量大但施肥次数不够,未能实现滴灌水肥的协同管理优势。

(3)低压管道工程田间措施不配套。低压管道工程出口直接摆在田间，未能实行分户灌溉，畦田串灌浪费水并导致农户施肥矛盾时有发生。

4. 技术与政策建议

(1)严守水资源管理“三条红线”，强化节水约束与激励机制。一是进一步推进村级用水总量控制指标分解工作，强化末级渠系量水设施建设，努力推进量水到村，强化节水意识与约束；二是落实地下水“井电双控”措施，重点强化对大户和私人农场等用水管理与监控，进一步促进规模化农业区域高效节水工程建设；三是试行基本农田节水工程水费返还制度，鼓励农户节水。

(2)调整农业节水建设重点方向与布局。一是鉴于现阶段推进田间高效节水发展难度较大，建议以渠道防渗和末级量水设施建设为重点，先夯实节水农业基础；二是田间高效节水重点在维持和运行好已有工程，强化水肥协调管理，强化对已建工程的渠系配套和量水设施建设工作，提高供水保证率；强化主要领导监督责任，充分发挥其效益，起到示范引领作用；三是新建高效节水工程应坚持“建管并重”与“先建机制、再建工程”的原则，强化节水工程建设与农民合作社、专业化服务公司的结合；坚持集中连片、乡(村)整体推进、渠系田间并重、地表地下水联合利用的模式，成熟一片、建成一片、受益一片。

(3)强化林果业及种植结构调整的水资源供需保障分析，优化地表水、地下水的联合调配。喀什地区普遍春旱严重，粮、果、棉争地争水的问题日益突出。目前全区高效节水发展步履维艰，渠道防渗缓不济急，地下水已近超采，水资源形势十分严峻。应按照“以水定地”的原则，做好水资源利用规划，厘清林果不同作物间作及建园模式下的灌溉制度。同时，在地表水、地下水联合利用上下功夫，减少引、输、蓄过程中的无效损失，加强对种植结构调整及演变的水资源供需保障。

(4)强化春作物节水技术研究，积极突破果粮间作滴灌和老果树改滴灌技术。开展果树套作小麦滴灌和成龄红枣、核桃滴灌研究，积极探索林下间作微喷灌技术，以科技进步破解春季缺水的关键瓶颈，同时积极探索高效节水工程运行管理长效机制，保障林果业发展与维持粮食安全。

(七)农产品加工

1. 发展现状

总体上喀什的农产品加工业尚处于初级加工为主的低端发展水平。喀什地区现有加工企业 313 家,其中林果产品加工企业实际初加工能力 61.4 万 t,不到果品总产量的 32.4%。其中深加工能力 17.3 万 t,不到 9%。

2. 典型经验

(1)依托企业深加工延伸产业链和利益链。晨光生物科技集团莎车有限公司主营天然生物色素精深加工,带动岳普湖县周边 20 万亩棉花和莎车县 10 万亩万寿菊的种植,年产天然色素 2 180 t、脱酚棉籽蛋白 5 万 t、精炼棉籽油 2 万 t。新疆美嘉食品饮料有限公司,依托叶城县 12 个"卫星工厂"和 30 多个家庭工厂开展核桃原料初选、脱皮、去核、干制的初加工服务,再由企业统收制备蛋白乳饮、蛋白粉、油品等深加工产品,企业年均加工核桃 5 万 t,带动人工 600 人以上。

(2)企业+专业合作社带动农民增收。新疆优乐果农业科技有限公司主营生产果蔬冻干和烘干制品,联合英吉沙县 64 个专业合作社,通过订单提供保障性收购价格、农资、灾害保险,年均加工果蔬 2 万 t 以上,带动英吉沙县和周边县乡 2 000 人增收。英吉沙德源农林科技有限公司自建专业合作社 11 个,为企业工厂加工提供原料收购、分级、干制品分级、杏仁去核等初加工服务,年加工鲜杏 600 t,带动农户 3 000 人。

3. 存在的主要问题

(1)地区农产品加工业"小、散、弱"。地区的从事粮、棉、果、畜、特色作物加工的企业共 322 家,总产能约 231 万 t,其中粮油加工量约 139 万 t,林果加工量约 61.4 万 t,畜牧和其他食品加工量约 15.5 万 t,棉纺制纱约 15 万 t。地区的农产品加工产值与一产的产值比为 0.23∶1,同比国际平均水平 3.4∶1、全国平均水平 2.2∶1、全疆平均水平 0.62∶1,

地区加工业呈现典型的小、散、弱的特征。

(2)林果产品差异化竞争力不强。林果产品总量大,但加工转化率不高,约占总产 189.26 万 t 的 32.4%。林果加工依然以初加工为主,加工层次浅,产品同质化、多为干坚原果,市场竞争力弱;有品牌、有市场开拓和研发创新能力的规模化龙头企业少,产业链短、带动上下游行业的作用不强,难以实现原料梯次利用、加工多层次、多样化、高附加值的产品。与消费大众对原料型产品的需求下降,对便捷、营养的多样化食品和功效型加工产品的需求日益增强之间,存在典型的不平衡、不充分矛盾。

(3)生产基层的加工设施装备闲置率高。地区各类冷库的库容总量约 76.4 万 m^3,规模化冷库(单库 1 000 m^3 以上)库容约 56.4 万 m^3,使用率约 92%;村级组装式补贴冷库 750 座、库容约 20 万 m^3,闲置率 60%~80%;地区现有产地惠民烘干房的产能约 1 万 t,目前烘干房闲置率 50%~85%。

(4)农产品加工组织化生产协作不连续。产地贮运加工生产环节之间缺少连续衔接、完整配套的装备和技术,原料采收后,缺少必要的分级分选和加工过程品质控制的技术与装备,加工原料和产品的品质和卫生安全性缺乏保障。县、乡两级的电子商务中心和乡级网点和加工企业、合作社,缺乏紧密的产销对接。

4. 技术与政策建议

(1)突出产品品质竞争力,提质增效。传统的初加工干坚果产品,必须通过商品等级分选,形成高品高价的竞争力。应针对不同市场的等级需求,提供相应品质和售价的产品,减少高品低价的效益损失,保障新疆农产品品牌的质量内涵。林果产品的分级分选,尤其是干坚果,势必需要快检技术和装备的保障。需要自治区组织相关部门加快该领域光谱识别或机器视觉的快检技术与装备的研制和应用突破。

(2)创新加工产品种类和形式,形成差异化竞争力。改变初、深加工产品的种类和形式,形成多元产品体系引导市场。针对不同市场消费偏好,通过异压、闪蒸、微波等不同技术构成的多态干燥技术,开发质地和风味差异化的干制产品。利用低质、残次果，开发杏、枣、西梅的干制品二次加工饮料或复配汁；杏、枣、核桃、巴旦木超微粉碎果肉干粉，用于蛋白饮料混配、深加工提取，复配修饰二次加工成多样化的休闲食品。

(3)规划和挖掘新疆地方药食同源的功能型产品。用好药典中的地方特殊药材和传统民族食品的食材，通过陶瓷膜过滤、超临界、亚临界等技术，提取、分离功效组分并包装保活，开发高附加值的功能性营养食品。

(4)完善产地冷链的配套装备和适用技术。地区的特色生鲜农产品，如鲜杏、土桃、蟠桃、西梅、葡萄、无花果均属于易腐和高损耗果品，采用减损采收、及时预冷、分质商品化处理包装和适温贮运等冷链各项技术的连续衔接和装备的连续配套，才能保持贮运品质和商品率。在地区现有各级冷库条件的基础上，引进大型生鲜配送企业，完善冷链设施，形成专业物流配送服务，提高特色生鲜产品冷链经由率和物流商品率。引导企业与科研院所开展生鲜产品的分质分级保鲜新技术、功能性物流保鲜包装新材料、产地快速预冷和抑病减损处理新装备等工程化技术与科研成果的应用。

(5)扶持和培养加工领域的规模化企业，推动一、二、三产业融合发展。加快建成深加工企业集群和培育龙头企业，提高种植和加工规模化产能的对称衔接，提高加工转化率和产值。引导国内上市公司和商业资本孵化或并购优质企业，解决企业发展中资金短缺的问题。引导企业采用节能减排的加工装备，采取减少资源消耗、适度加工、绿色加工的综合利用新技术。引导、鼓励企业参与示范基地建设，与农民形成紧密利益链，让农民分享各生产链节中的增值效益。完善从农民、合作社到企业，从经济、社会到生态的完整利益链，实现产业链的延伸和价值链的提升。

(6)协调各对口援疆省市，组织当地营销企业、合作社利用已有的营销渠道，积极宣传推介喀什地区优质农、果、畜产品，积极参展当地举办的各类农、果、畜产品博览会。积极创建“十仓百企”农产品加工经销企业联盟和“十城百店”销售网络，着力解决地区特色农产品流通成本高、效率低、损耗大、品牌弱的系统问题。

(八)农民合作社

1. 发展现状

总体上，喀什的农民合作社处在起步发展阶段。据自治区农经局统计，2016 年喀什地区注册登记的农民专业合作社为 2 779 个。主要包括土地股份、草畜联营及设施农业、农机灌溉、休闲农业、农村电商等专业合作社。

2. 存在的主要问题

绝大多数合作社规模小，存在“制度不健全、章程不完善、资金管理不规范、经营不公开”，形成了大批僵尸合作社，实际运转正常的不足 10%，出现不少套取政府补助资金的“空壳”合作社等。

3. 政策建议

(1)严格按照《农民合作社示范社创建标准》规范化推进。

(2)加强合作社自身建设，完善合作社董事会、监事会、社员大会等制度。

(3)健全合作社民主管理制度。

(4)建立健全利益分配机制，形成“利益分红、风险共担”的利益共同体。

(5)采取财政扶持、金融信贷等多种途径，加大对合作社的扶持力度。

(九)土地流转

1. 发展现状

总体上新疆农村土地使用权流转在自治区还处于起步探索阶段。喀什地区开展农村土地确权的 11 个县市共下达确认总任务 609.03 万亩，完成任务 97.12%。2017 年家庭承包耕地流转总面积 20.18 万亩，仅占全地区耕地的 1.5%。流转入农户 11.77 万亩，流转入合作社及企业1.03万亩。目前,喀什地区土地流转的主要模式有四种:即企业流转、合作社流转、本地大户流转以及农民之间自愿流转。

2. 存在的主要问题

供需有矛盾、缺乏专业组织引导、流转程序和办理手续不规范、管理指导和服务不到位等。

3. 典型经验

麦盖提县土地流转64 587.5亩,流转率为11.53%,流转年限一般为3~10年,促进了该县红枣产业的发展。土地经营权流转主要有以下几个特点:①土地流转主要有出租和转包两种形式。②土地流转主要集中在县主导产业红枣发展较好的乡。③土地流转的承包对象主要是外来红枣种植大户和部分红枣加工企业。

4. 政策建议

(1)落实农村土地“三权分离”等各项政策。

(2)进一步规范各地县市土地流转法律程序,防止欺诈和合同纠纷。

(3)关注落实国家重点扶持政策并且给予补贴,选择合适的农业产业类型,尊重农民意愿。

三、对新疆喀什地区一产上水平总体建议

(一)进一步强化对农业战略地位的认识

喀什以种养业为主体的产业是新疆最具优势的产业之一,也是绿色发展的核心产业,是脱贫攻坚和富民产业,同时也是社会稳定的最根本的基础产业,必须要充分认识和强化其战略地位。

(二)进一步落实一产上水平的各项惠农政策

大力落实扶持合作社发展的政策、支持农产品补贴的政策、引导农民改变生活方式的政策、扶贫资金统筹等政策,着力向农产品种植

业和加工业倾斜，要充分体现出真金白银和优质优价的政策导向。

(三)进一步加大对农业企业的扶持力度

没有企业引领，现代农业体系就是一句空话。喀什地区现有的龙头企业不足，示范带动能力薄弱，需要进一步着力补齐这个短板。要大力加强对企业的引进和落户，充分借鉴发达地区的经验和路子，改善本地的营商环境，特别是办证难、贷款难等。要充分发挥柔性引才政策。

(四)进一步完善一产上水平的科技服务体系

科技厅对此也负有重要的协助责任，建议：一是要充分发挥喀什山东农林产业研究院的作用；二是喀什地区要深入思考，组织好一批推进一产上水平的重点科技创新项目，科技厅将在科技计划项目和各类基金等方面予以倾斜支持。

(五)进一步发挥好内引外联和援疆省市的作用

喀什地区要着力策划一些科技创新工作，进一步加大对喀什科技园区、科技型企业、星创天地、众创空间等创新载体的建设和培育力度。同时，希望地区进一步关心和关注乡村一级的科技服务人员，出台一系列的激励和培育政策，抓好队伍建设。

此次调研活动得到了喀什地委、行署的大力支持与配合，各县市对调研工作安排周密妥当，调研点代表性强，材料准备扎实充分，切实体现了喀什地区各级干部积极作为、主动服务、能打硬仗的优良工作作风，深受专家组好评，在此表示衷心的感谢！

执笔人：高旺盛、杜伟、陈源泉、吴新元、杨德刚、刘康、张金山、张胜江、王国强、马建荣、鲁天平、狄江、关东海、潘俨、乔刚

第十三章 赴塔城地区农业提质增效专题调研报告

一、调研活动总体情况

按照自治区党委常委、副主席艾尔肯·吐尼亚孜的指示，2018 年 3 月 29 日至 4 月 1 日，由自治区人民政府办公厅组织，科技厅高旺盛副厅长带队，组织新疆农科院、林科院、畜科院、水科院以及中国农业大学、新疆科技发展战略研究院等科研单位专家一行，赴塔城地区调研一产上水平、农业提质增效情况。调研组分为 7 个小组，采取现场调研与座谈结合的方式，走访了沙湾县、托里县、额敏县、塔城市的 67 个调研点，召开 5 次座谈会，对塔城地区农作物、林果、畜牧、节水灌溉、乡村振兴、企业、农产品加工等领域一产上水平方面的成效、经验和存在的问题进行了广泛调研和分析。并对塔城地区提出的 7 项调研需求现场提出了相关建议。

二、调研结果概述

(一)农作物生产

1. 发展现状

塔城地区是自治区重要的粮食、棉花、油料、糖料生产基地。人均耕地多，近十多年来农民人均生产小麦 1 t 左右，商品率高。小麦生产机械化程度高，节水灌溉面积全疆最大，区内有大型面粉加工企业四家，粮食安全状况良好。塔城盆地四县主导产业为玉米，农民增收明显。沙湾、乌苏两县棉花全程机械化水平、生产合作化程度均很高，单产、品质不断上升，植棉业健康发展。特色作物发展虽几经波折，但发展潜力巨大。

2. 存在的主要问题

(1)小麦商品率下降。当前小麦种植面积下降为 5 年前的 50%左右。其主要原因：一是由于比较效益原因，棉花产业迅猛发展、玉米种植面积迅速扩大，挤压了小麦空间；二是盆地四县冬小麦越冬风险高，冻害、雪霉病发生年份达 60%以上，灾害年份翻耕面积大，麦农损失重；三是盆地四县小麦穗发芽发生年份达 30%以上，穗发芽小麦导致农民往往收益不足投入成本。

(2)小麦加工能力过剩。塔城地区大型面粉加工企业已达四家，设计加工能力已超过当前小麦生产能力。在小麦面积下降的形势下，面粉加工企业形势严峻。

(3)水资源紧张加剧，影响了作物结构均衡。玉米种植井灌比例很高，地表水利用率下降；盆地四县的水情特点是春洪、夏旱，玉米用水高峰在夏季，浪费了春洪，加剧了地下水过采；玉米为秋作物，收获期与冬小麦播种期重叠，致使冬小麦无法播种；玉米收获后往往无法秋翻地，也导致春小麦播种推迟，致使春小麦晚播减产。

(4)存在病虫害、地膜污染隐忧。一是长期连作，病虫害风险存在隐忧；二是地膜残留对土壤的污染存在隐忧。

(5)特色作物缺乏加工企业链接。除甜菜、红花、油葵外的多数特色作物均为原料生产型，波动性很大。以打瓜为例，发展之初市场价格好、省水，一度在塔城地区达到百万亩以上，由于只作为原料卖给内地经销商和加工企业，没有当地企业带动，加上无序发展，缺乏轮作、病害统防统治而速生速灭。

3. 典型经验

沙湾、乌苏两县健康发展的植棉业。虽然受国内外棉花市场低迷的影响，棉花生产成本增加，但塔城地区沙湾、乌苏两县植棉业健康发展，单产、品质不断上升，成为当地农民土地收入的主要来源。其原因：一是棉花全程机械化技术引领了植棉业发展的新趋势，棉种技术、精量点播、机械化防虫，尤其是机械采棉从根本上解决了植棉业的瓶颈，使得植棉业的规模限制得以解除；二是以植棉机械化合作社为引领的各类合作社迅猛发展，使得植棉成本下降，大批劳动力得以解放；三是合作化程度提高后，逐渐趋向优质品种布局，棉花品种逐渐统一，品质稳定性、一致性提高，机械采棉使得"三丝"问题彻底解决。

4. 技术与政策建议

(1)由企业牵头、政府引导进一步确定优质高产品种，建立"双30"或更高标准的优质棉基地。

(2)企业牵头，政府引导，创立绿色优质小麦专用粉品牌，延伸小麦产业链，支持研发小麦优质高产、抗病、抗穗发芽品种，建立塔城盆地绿色优质小麦专用粉基地。

(3)依托市场，鼓励企业和合作社参与，积极发展特色作物，如红花、甜菜、马铃薯、红薯、中草药等。

(4)综合施策，加强小麦、棉花、玉米等作物育种和突破性关键技术研究与集成，藏粮于技。

(5)制定地区以水资源调控为突破口的提高种植业技术水平规划(计划)，加强与援疆省市科研机构的合作，统筹区内外科技力量形成合力，提高种植业整体技术水平。

(6)以示范与培训相结合的原则，加强县乡级技术人员的技术培训和知识更新，重点加强对合作社的技术培训。

(7)建议地区出台销区补贴产区的利益机制，稳定产区小麦种植规模。

(二)设施农业

1. 发展现状

塔城地区设施农业面积 4.31 万亩(1 亩≈666.7 m^2,下同),其中日光温室 8 100 余座,生产面积 1.01 万亩,各类拱棚占地 2.61 万亩,生产面积 2.2 万亩。

2. 存在的主要问题

(1)温室设施、设备不完善。全地区设施农业规模较小,已有日光温室接近使用寿命,多数温室的保温、加温设备亟待更新。

(2)蔬菜全年均衡供应难度大。设施蔬菜生产主要是春提早、秋延晚,冬季极端温度低、持续时间长,进行设施栽培成本高、产量低,从业农民避开深冬生产,造成淡旺季明显,达不均衡供应。

(3)设施生产专业技术人员缺乏。严寒条件下的设施生产专业性、技术性很强,技术经验不足的农户很难在深冬进行设施生产,对反季节蔬菜生产,满足市场需求都非常不利。

3. 技术与政策建议

(1)维护改造现有日光温室,改善保温蓄热能力,大力发展春提早、秋延晚设施生产。

(2)积极发展风电、太阳能等新型设施增温技术,提高设施深冬生产能力。

(3)继续依托蔬菜标准园建设,推进“菜篮子”工程发展。

(4)完善农产品检测机构,建立农产品质量安全追溯体系,加快农产品市场准入制度的建立和运行。

(三)林果业

1. 发展现状

塔城地区林业工作的重点在于荒漠、农区、山地生态系统的维护。在强化生态建设的同时,也积极探索依托森林资源的休闲林业、康养林业、森林旅游业。尽管林果业在一产中占比很小,但各县市也在探索一些利用本地优势资源的发展林果业的高效模式。

2. 存在的主要问题

(1)绿洲农田防护林堪忧。一是目前全地区大田农作物80%的上采用高效节水灌溉技术,原有随渠系、道路配置的渠系废弃,利用渠系灌溉防护林的模式无法运转;二是采用滴灌节水技术的大田防护林得不到有效灌溉,导致树势衰弱、林相残败、病虫害高发,护田增长效益丧失。

(2)退耕还林反弹的可能性加大。伴随第一轮退耕还林补贴的即将到期,由于失去资金支持、木材市场低迷等原因,农民维护林地的积极性受到挫伤,复耕的可能性加大。

(3)林果业带动农民致富的作用不大。塔城地区林果栽培面积普遍很小,在光热、低温冻害等方面栽培林果较之南疆没有优势,在林果业发展方面必须另辟蹊径。

3. 典型经验

(1)沙湾翠山森林公园开发模式。沙湾翠山森林公园建设,采用了20多种生态、园林绿化、经济林树种,造林面积已达2万余亩。项目建设中政府通过政策倾斜,引入18家企业共同开发森林公园,为森林旅游业的发展打下了一定的基础。

(2)沙湾格润公司种、养殖循环经济模式。沙湾格润公司以公司+农户形式,建立生猪养殖、滴灌专用有机肥生产、蟠桃和葡萄种植、冷藏加工等链节构成的循环经济模式,产品获得有机认证,已外销国外水果高端市场,取得良好的经济效益。

4. 技术与政策建议

(1)采取制定减免防护林灌溉水费、奖励防护林管护机制等有效措施,确保防护林灌溉,提高农民管护防护林的积极性。

(2)探索推广林下经济高效种植模式,提高退耕还林地的经济收益。

(3)强化有害生物防治与检疫工作,采取有效措施监测、预防林光肩星天牛、苹果吉丁虫等病虫情。

(4)积极打造森林旅游业品牌,加速沙湾翠山森林公园建设,打造以山区云杉林、野果林等自然景观为主导的森林旅游品牌,全面带动盆地内外的农家乐、林家乐发展。

(5)发挥塔城盆地水源、空气、土壤洁净、有机肥资源丰富、温差大资源优势,探索有机林果栽培高效模式。

(6)以市场为导向适度种植具有比较优势的特色林果。

(四)畜牧养殖

1. 发展现状

(1)畜牧业养殖模式。塔城地区畜牧业养殖模式有三个类型,即四季全天然放牧经营(草原畜牧业)模式、半放牧半舍饲经营模式(半年放牧半年舍饲,或者是边放牧边补饲等两种形式)和全舍饲经营模式。

(2)良种繁育体系建设。塔城地区以羊、牛等草食家畜和家禽养殖业为主,牛以新疆褐牛、西门塔尔牛为主,羊以巴什拜羊为主。有国家级伊犁鹅遗传资源保种场一个,自治区级种畜场 7 个(新疆褐牛 1 个、地方羊品种 3 个及肉羊品种 3 个),地区级种羊繁育场 2 个。

(3)饲草料生产。全地区建设饲草基地约 188 万亩,主要种植紫花苜蓿、红豆草、多年生牧草,总产草量 75 万 t,平均单产 400 kg/亩。牧草产量基本可以自给自足。目前全区建成 5 万 t 规模以上的秸秆颗粒饲料加工厂 4 家。

(4)标准化规模养殖。以农牧民入股方式成立的各类养殖合作社和小规模私人投资产奶、产肉基地,主要经营奶牛集约化养殖、家庭奶牛、肉牛小规模养殖、肉羊多羔多胎养殖、生猪养殖、蛋鸡肉鸡养殖等,但其经营效益与现代化程度相互不协调。

(5)养殖过程中废弃物处理及资源化利用。畜禽规模养殖场已完成污染治理设施改造养殖场数量共计 443 个,2017 年关闭养殖场(小区)45 个;截至 2017 年底配套建设废弃物处理利用设施的规模化畜禽养殖场 365 个。

2. 存在的主要问题

(1)繁育体系不健全,良种畜供种能力不足。一是地方品种、引进品种选育力度均不足,没有形成配套技术措施,群体优良特性表现不明显,总体生产性能不高;二是人工授精等技术推广滞后,具有优良特性的良种畜数量增长缓慢。

(2)传统草原畜牧业生产方式仍占主导地位,生产效率低。一是牧区仍以四季游牧的生产方式为主,基础设施建设差,饲养管理粗放,生产水平低;二是农区畜牧业主要采取半放牧半舍饲经营方式,春、夏、秋三季在草场代牧、冬季舍饲,造成草场超载放牧。

(3)饲草料生产与供给不平衡。一是区内生产饲草料外销多,投入畜牧养殖少;二是农区对春、秋草场依赖大,优质饲草种植面积少;三是农副产品利用率不高,加工综合利用技术推广力度不足。

(4)龙头企业带动能力尚未发挥。企农间缺乏有效的信誉与利益共赢机制,多数企业、合作社的品种、技术优势没有得到充分发挥,牛、羊养殖规模化程度及效益低。

3. 典型经验

塔城地区养殖企业、户在经营过程中以提高养殖效应为中心,积极探索草畜联营、社企联盟等多种形式的规模化合作经营模式,一些已初有成效,如沙湾县的社企联盟养殖模式采用"养殖户+合作社+企业"利益联营机制,培育壮大了大盘鸡产业社企联盟,有效衔接了大盘鸡养殖与加工各生产环节产业链,实现合作共赢。

4. 技术与政策建议

(1)大力发展农区优质饲草料基地建设,建立四季均衡的饲草料供给体系,摆脱对草原资源过度依赖;进一步完善划区轮牧制度,增加草场利用效率;提高农副产品的利用率。

(2)完善畜禽良种繁育体系,配套本品种选育、人工授精、冻精生产等技术,提高优良种畜供种能力。

(3)加大产地、产品绿色认证力度,进一步推动以绿色畜产品生产为方向的草原畜牧业发展养殖模式,提高畜产品的附加值。

(4)建立新型农区高效生产模式。农区推广冬羔生产技术，提前牧区牲畜上市；推广绵羊“两年三产”生产模式(如托里县)，利用早期断奶育肥技术开展肥羔生产，提高生产效率；通过提高肉羊母本繁殖性能(多胎、非季节发情)，提高农区养殖效益；探索牧区繁育、农区育肥的合作经营、生产方式，提高养殖效益、并降低春秋牧场压力。

(5)探索草畜联营、社企联盟等不同形式规模化经营模式，加大对新型经营实体的政策支持力度。

三、对塔城地区一产上水平总体建议

1. 进一步提高对一产上水平的认识

充分发挥塔城地区气候优势、资源优势、区位优势三个优势。理顺四个关系：一是产量与品质的关系，发展中倡导质量优先；二是生产与生态的关系，生态优先；三是一产与二、三产关系，应是优势一产主导下的二、三产融合；四是规模经营与小农经营的关系。

2. 进一步明确一产上水平的发展思路

(1)实体经济、现代金融、科技支撑、人力资源四位协同。

(2)主要抓四个重点。一是种植业、养殖业生产技术上水平，绿色化、集约化是发展方向；二是农产品产业链增值上水平，发展加工业龙头企业带动农户；三是经营管理上水平，改变以资源消耗为主体的农业生产；四是市场竞争上水平，注重农产品品牌和市场突破。

3. 进一步强化一产上水平的各项政策等的落实

4. 进一步强化一产上水平的农业企业发展

发展高质量、高效益、高科技、高保护的现代农业。

5. 进一步强化一产上水平的农业科技服务体系

规划项目，加大自身农业科技研发投入。一是共同指导好现有国家农业园区的工作，二是争取将额敏县列入地区第三个国家农业园区，三是争取后续各类科技项目给予支撑，四是科技厅可指导、协调相关科研院校在塔城地区进行战略性合作。

此次调研活动得到了塔城地委、行署的大力支持与配合，各县市对调研工作安排周密妥当，调研点代表性强，材料准备扎实充分，切实体现了塔城地区各级干部积极作为、主动服务的优良工作作风，深受专家组好评，在此表示衷心的感谢！

执笔人：高旺盛、杜伟、陈源泉、吴新元、刘康、张胜江、张金山、王国强、马建荣、鲁天平、狄江、关东海、吴斌、乔刚

调研组与喀什地委召开农业提质增效座谈会

调研组实地考察喀什地区蔬菜拱棚建设情况

专家组调研塔城地区小麦种植情况

专家组调研塔城地区农村专业合作社运行情况